Edvard Hagerup Grieg

Landerkennung

Chor

Und das war Olav Trygvason,
steuert' übers Nordmeer hin,
fern nach dem jungen Königreiche,
keiner erwartet' ihn.
Bald er's erblicken konnte!
„Was steigt dunkel empor am Horizonte?"

Und das war Olav Trygvason,
ohne Zugang schien das Land,
alle die jungen Königswünsche
scheiterten an dem Strand,
bis einer aus dem Volke
weiße Spitzen entdeckt' in blauer Wolke.

Und das war Olav Trygvason,
plötzlich glaubt' er klar zu schau'n
hochragend graue Tempelmauern,
schneeweiße Kuppeln traun.
Faßt ihn die Sehnsucht mächtig,
mit den Seinen zu stehn im Land so prächtig.

Auf tat sich's Land in Frühlingspracht,
Wasserfälle brausten rings,
über das Meer die Stürme fuhren,
still durch die Wälder ging's.
Orgeln und Glocken klangen.
Und der König sprach, zaub'risch umfangen:

Bariton

„Hier gefunden sind die Gründe,
Tempelwölbung trotzt der Hölle!
Geister beben, Herzen schlagen,
hier des Höchsten Lob zu sagen.

Daß mein Glaube fest sich gründe
wie des Gletschers reine Rundung,
steh' erhaben, licht und reine,
nur von Gott erfüllt alleine."

Chor

Olav gleich, wir alle beten,
wo wir vor den Höchsten treten:
Geister beben, Herzen schlagen,
hier des Höchsten Lob zu sagen.

Daß mein Glaube fest sich gründe
wie des Gletschers reine Rundung,
steh' erhaben, licht und reine,
nur von Gott erfüllt alleine!
Nur von Gott!

Dieses bewegende Gedicht des norwegischen Dichters *Bjørnstjerne Bjørnson* (1832 bis 1910) schildert eine Episode aus dem Leben des Wikingerprinzen Olav Trygvason (964 bis 1000): Der Urenkel Harald Schønhaars mußte als Säugling mit der Mutter landflüchtig werden, verbrachte seine Jugend zunächst auf See und dann in England, wo der Bischof von Winchester ihn getauft hat. Nach der Ermordung Hakon Jarls im Jahre 995 steuerte er mit seinem Schiff von England über die Nordsee dem zerklüfteten norwegischen Land entgegen, fest entschlossen, sein Recht auf die Krone Norwegens geltend zu machen und das Christentum in seiner Heimat zu verbreiten. Seine Pläne ließen sich nicht ohne Schwierigkeiten verwirklichen. Als König Olaf I. starb er im Jahre 1000 in der Schlacht von Svolder.

Landerkennung: 1. Partiturseite

Norwegens wohl größter Komponist *Edvard Hagerup Grieg* (1834 bis 1907) vertonte die Verse Bjørnsons für Männerchor, Baritonsolo, Orchester und Orgel (ad lib., op. 31) im Jahre 1872 (Revision 1881) unter dem Originaltitel „Landkjaenning“.

Der Männerchor – die Wikinger – verkörpert die heldische Kraft, das Baritonsolo – der Held Olav Trygvason – ist die tönende Stimme des wissenden Einzelnen in einer triebhaften Umwelt, die Instrumente dienen der klanglichen Darstellung der jungfräulich-unberührten Natur: Welch starker Wechsel und Kontrast zwischen kriegerischer Bestimmtheit, königlich-priesterlicher Ansprache und dem Erschauern vor Naturgewalt und Naturgeheimnis!

Jeder Chorsänger, der einmal an der Aufführung dieses beeindruckenden Werkes teilnehmen durfte, wird sich lange an das Erlebte zurückerinnern. Leider wird zu oft versäumt, durch Darstellung des geschichtlichen Hintergrundes solches Erleben sinnvoll zu vertiefen.

Übrigens plante Grieg eine Oper Olav Trygvason. Doch scheiterte der Plan, weil Bjørnsons Dichtung nicht über den 1. Akt hinausgelangte. So war ihm in seinem künstlerischen Schaffen der Weg zur Oper (wie übrigens auch zur Sinfonie) zeitlebens verschlossen, und es blieb bei einer chorkantatenartigen Konzertbearbeitung (Szenen aus Olav Trygvason, unvollendetes Drama von Bjørnson) für Soli (Baßbariton, Mezzosopran, Alt), gemischten Chor und Orchester (op. 50, 1890).

Griegs heroische Chorkomposition „Landerkennung", deren Stil dem Tannhäuser Richard Wagners (1813 bis 1883) nahesteht, symbolisiert einen Teil seines eigenen Lebens und Wirkens. Nach Aufenthalt im Ausland und der Auseinandersetzung mit der Romantik begegnete er nach seiner Heimkehr 1863 Rikard Nordraak (1842 bis 1866), dem Schöpfer der norwegischen Nationalhymne „Ja vi elsker dette landet". Was Grieg später über diese Begegnung berichtete, darf in weiterem Sinne als programmatisch für die anschließende Entwicklung der nordischen Musik überhaupt aufgefaßt werden: „Es fiel mir wie Schuppen von meinen Augen, erst durch ihn lernte ich die nordischen Volkslieder und meine eigene Natur kennen. Wir verschworen uns gegen den durch Mendelssohn verweichlichten Skandinavismus und schlugen mit Begeisterung den neuen Weg ein, auf welchem sich noch heute die nordische Schule befindet." Es war die Landerkennung seiner Art, auf der – wie er es ausdrückte – „Emanation der norwegischen Volksseele, eine nationale Kunst zu schaffen!"

Edvard Hagerup Grieg wurde als viertes von fünf Kindern am 15. Juni 1843 – Sohn des Kaufmanns und englischen Konsuls Alexander Grieg (seine Vorfahren hießen ursprünglich Greig) und seiner Ehefrau Gesind Judith Hagerup – in Bergen geboren. Die Mutter zeigte eine vielseitige musikalische Begabung, vor allem als Pianistin. Ihr Vater ließ sie in Hamburg-Altona (bei Albert Metfessel) und London ausbilden. So liegt es nahe, daß der junge Grieg seine ersten künstlerischen Eindrücke mit der Musik Mozarts, Webers und Chopins von der Mutter empfing, die ihn seit seinem sechsten Lebensjahr in Klavier unterrichtete. Fingerübungen waren ihm eine lästige Pflicht, der er sich jedoch nicht entzog. Er liebte es, stundenlang am Klavier zu improvisieren und dem Instrument neue Klänge zu entlocken. In seiner autobiographischen Skizze „Mein erster Erfolg" von 1905 schrieb er „Mein unverzeihlicher Hang zum Träumen begann schon damals, mir dieselben Schwierigkeiten zu bereiten, die mich lange genug mein Leben hindurch begleitet haben. Hätte ich nicht meiner Mutter unbezähmbare Energie und ihre musikalische Fähigkeit geerbt, ich glaube, es wäre mir wohl nie gelungen, von Träumen zu Handlungen zu schreiten!"

Im Sommer 1858, kurz vor seinem 15. Geburtstag, fand auf dem mütterlichen Besitztum Landas bei Bergen das für Griegs Lebensberuf wohl entscheidende Zusammentreffen mit dem berühmten norwegischen Geiger *Ole Bornemann Bull* (1810 bis 1880) – dem Paganini des Nordens – statt, der nach dem Klavierspiel des jungen Grieg dringend zum Musikstudium auf dem Leipziger Konservatorium riet. Zwischen 1858 und 1862 studierte Grieg in Leipzig bei Plaidy, dessen trockene Methode ihn gründlich enttäuschte, bei Wenzel, der ihn für Schumann begeisterte, sowie bei Moscheles Klavier, bei Richter, Papperitz und Hauptmann Theorie, zuletzt noch bei Reinecke Komposition, ohne daß ihn der Unterricht auf dieser repressiven Anstalt sonderlich befriedigt hätte. Er meinte: „Ich habe die Leipziger Musikhochschule genau so dumm verlassen, wie ich eintrat." Tiefe Eindrücke dagegen hinterließen bei ihm die Gewandhauskonzerte, wo er u.a. Clara Schumann mit dem Klavierkonzert ihres Mannes erlebte, sowie mehrere Aufführungen von Wagners Tannhäuser.

Grieg kehrte 1862 in seine Heimat zurück, betätigte sich zu Beginn einer großen internationalen Karriere als Konzertpianist und ging 1863 nach Kopenhagen, dem damaligen Schmelztiegel des geistigen und kulturellen Lebens Skandinaviens. Dort freundete er sich wie schon oben angedeutet – mit Nordraak, der mit Bjørnson verwandt war, an. Grieg war sofort hingerissen von Nordraaks leidenschaftlichem romantischem Glauben an alles bodenständig Norwegische: Fjorde und Berge, Landvolk und Sagen … Grieg, Nordraak, Horneman und Hansen gründeten die Konzertgesellschaft „Euterpe", die ausschließlich der Pflege skandinavischer Musik dienen sollte. Doch der frühe Tod seines Freundes ließ den Pakt zerbrechen. In einem Kondolenzbrief an Nordraaks Vater schrieb er: „Seine Sache soll die meine sein, sein Ziel das meine. Glauben Sie nicht, daß sein Anliegen in Vergessenheit geraten wird."

Nina Hagerup

In Kopenhagen lernte er auch seine Base *Nina Hagerup*, Tochter eines Bruders seiner Mutter kennen, mit der er sich 1864 verlobte und die er 1867 heiratete. Sie hat sich immer wieder als tüchtige und begabte Sängerin für die Liedkompositionen ihres Gatten eingesetzt und ihn zu vielen Liedern inspiriert, darunter auch zu dem heute noch gern dargebotenen lyrischen Lied „Ich liebe

Dich" (op. 5, Nr. 3, Text von Hans Christian Andersen), es war sein Verlobungsgeschenk. Ein Gemälde Grøyers aus dem Jahre 1898, das sich im Stockholmer Nationalmuseum befindet, zeigt Nina Grieg beim Liedervortrag, begleitet von ihrem Mann als Pianisten.

Nach einem Winteraufenthalt in Rom 1865/66, wo er erstmals dem Schöpfer der Dichtung „Peer Gynt", *Henrik Ibsen* (1828 bis 1906) begegnete, siedelte Grieg nach Christiania über. Hier entwickelte sich die herzliche und für sein Schaffen überaus fruchtbare, bis zum Lebensende dauernde Freundschaft mit Bjørnson. Zusammen mit *Winter-Hjelm* gründete er in Christiania Anfang 1867 die norwegische Akademie für Musik.

Mitte 1869 machte Grieg während seines Aufenthaltes in Landas eine für seine weitere Laufbahn wichtige Entdeckung! Er stieß auf die von *Ludvig Mathias Lindeman* (1812 bis 1887) gesammelten norwegischen Volksweisen und -tänze, die dieser im Laufe von 25 Jahren bei Fiedlern und Sängern gehört und niedergeschrieben hatte (Lindemans gesammelte Werke: „Norske Nationalmelodier", „Aldre og nyere norske Fjeldmelodier"). Grieg hat im Laufe seiner künstlerischen Tätigkeit wieder und wieder Ideen und Anregungen aus Lindemans Sammlung aufgegriffen und kompositorisch verarbeitet.

Bei seinem zweiten Romaufenthalt 1870, für den *Franz Liszt* (1811 bis 1886) Grieg ein Stipendium verschafft hatte, sind sich der Ungar und der Norweger begegnet und nähergekommen. Liszt hat stets lebhaften Anteil an Griegs künstlerischer Entwicklung genommen. Liszt sagte bei einem gemeinsamen Musizieren bewegt zu Grieg: „Fahren Sie so fort, ich sage Ihnen, Sie haben das Zeug dazu, und lassen Sie sich nicht abschrecken!"

Nach Christiania zurückgekehrt, gründete Grieg 1871 mit seinem Landsmann *Johan Svendsen* (1840 bis 1911) einen Musikverein mit dem Ziel der Aufführung größerer Chor- und Orchesterwerke unter besonderer Berücksichtigung einheimischer Komponisten. Befriedigt hat ihn diese Aufgabe auf Dauer jedoch nicht.

Fortan begann er sich ab 1873 verstärkt dem Komponieren zu widmen, verließ deshalb Christiania 1874 und verbrachte die nächste Zeit die Winter in Bergen und die Sommer in Lofthus am Hardangerfjord. Völlig unabhängig wurde er erst 1885, seit er mit dem Landhaus Troldhaugen bei Bergen sein lang ersehntes eigenes Heim fand, das ihn bis zu seinem Tod beherbergen sollte. Nunmehr konnte er sich ganz seiner schöpferischen Tätigkeit als Komponist widmen.

Zahlreiche Reisen führten ihn als Pianisten und Dirigenten ins Ausland. So besuchte er mehrmals die Bayreuther Festspiele. Er unterhielt

Beziehungen zu vielen Musikern seiner Zeit, insbesondere zu *Johannes Brahms* (1833 bis 1897) und *Peter Iljitsch Tschaikowsky* (1840 bis 1893).

Die Feier zu Griegs sechzigstem Geburtstag 1903 erhielt ihren besonderen Glanz durch die geistvolle Festrede seines Freundes Bjørnson. Doch schon gegen Ende des gleichen Jahres setzte ein bedenklicher Verfall seiner Gesundheit ein. Während seiner Leipziger Studienzeit hatte er sich eine schwere Rippenfellentzündung zugezogen, die den linken Lungenflügel zerstörte und ihn zeitlebens unter Atemnot leiden ließ. Konzertreisen mußten abgesagt werden, und seine kompositorische Tätigkeit war eingeschränkt. Sein letztes Werk schrieb er im Jahre 1906: „Salmer for blandet Kor" (Vier Psalmen für gem. Chor a cappella und Baritonsolo, frei nach älteren norwegischen Kirchenmelodien, op. 74).

Kurz vor seiner Abreise zum Leeds-Festival in England mußte er wegen eines Herzanfalles in ein Krankenhaus in Bergen eingeliefert werden. Als er dort eintraf, sagte er: „Das ist also das Ende." Noch in der gleichen Nacht, am 14. September 1907, starb er friedlich im Schlaf.

Tausende von Landsleuten, ausländischen Würdenträgern und Vertretern des Musiklebens erwiesen seinem aufgebahrten Leichnam die letzte Ehre. Er erhielt ein Staatsbegräbnis, wie es einem Nationalhelden gebührt. Die Urne mit seiner Asche wurde oberhalb des Fjordes in einer Felswand nahe seinem Troldhaugener Heim beigesetzt, wo auch seine Frau Nina 1935 ihre letzte Ruhe fand.

Felsengrab von Edvard und Nina Grieg in Troldhaugen

Griegs Kunst hat der norwegischen Musik Weltgeltung verschafft. Mit seiner Musik brachte er Menschen in aller Welt die Schönheit seiner Heimat nahe. Doch wurden auch Stimmen laut, die in der übertriebenen Verwendung folkloristischer Elemente Gefahren sahen. Der Musikkritiker *Gerhard Schjelderup* (1859 bis 1933) schrieb in seinem Nekrolog von 1907: „Diese fanatische, fast dämonische Liebe zur Heimat ist die Stärke, aber auch die Begrenzung Griegs". Die Antinomie verliert jedoch an Schärfe, wenn man die Verdienste des Komponisten an wesentlichen Vorgängen in der Entwicklung der an den Tristanstil anknüpfenden neueren Harmonik betrachtet. Hier erlangt er europäische Bedeutung.

Griegs größere Chorwerke, geschrieben für Chor, Soli und Orchester, müssen in engstem Zusammenhang mit seiner Dirigententätigkeit gesehen werden. Zur Aufführung sind vorwiegend Chöre in starker Besetzung erforderlich. Sein wohl populärstes Werk dieser Art ist zweifellos die „Landerkennung" geblieben. „Foran Sydens Kloster" („Vor der Klosterpforte", für Soli, Frauenchor und Orchester, op. 20, 1870/71), Franz Liszt gewidmet, ist stark auf Klangwirkung hin angelegt.

Im Gegensatz zu diesen größeren Chorwerken pflegt Grieg im „Album for Mandssang" („Album für Männergesang"), Gesänge nach norwegischen Volksweisen, op. 30, 1880 vorzugsweise den Wechselgesang und das Ineinanderarbeiten von Chor und Soli. Diese Gesänge sind geeignet für kleinere Singvereinigungen. In knappen Tonbildern erstehen erhebende Bilder nordischen Lebens, variierend zwischen alten Kampfweisen („Die große weiße Schar") und ausgelassen-heiteren Spielweisen („Kinderlied"). „Die große weiße Schar" führt zu einer Wiederbelebung der altnordischen Ballade mit Vorsänger und Chor. Diese Satztechnik herrscht auch in den o.g. Vier Psalmen, dem letzten Werk des Meisters, vor.

Grieg achtete in seinen Vokalkompositionen stets auf vollendete Übereinstimmung von Wort und Ton. Deshalb stand er Übersetzungen von Texten seiner Lieder und Chöre in fremde Sprachen äußerst skeptisch und kritisch gegenüber. Er bemängelte: „Es bleibt dann von der ursprünglichen Stimmung nichts mehr übrig." Die deutsche Fassung der „Landerkennung", wie sie eingangs wiedergegeben ist, kann durchaus als gelungene Übersetzung angesehen werden, reflektiert sie doch die von Grieg erstrebte Stimmung in allen Phasen optimal.

Literatur:

- *Kahl, W.: Grieg, Edvard Hagerup. Die Musik in Geschichte und Gegenwart. Bd. 5. Sp. 896/908. dtv/Bärenreiter, München/Kassel/Basel 1989.*
- *Berühmte Komponisten der Welt. Rheingauer Verlagsgesellschaft, Eltville 1987.*
- *Schumann, O.: Großer klassischer Chor- und Liederführer. Heinrichshofen, Wilhelmshaven 1984.*

Herbert Roth (l.) mit Karl Müller

Herbert Roth
und sein Rennsteiglied

Ich wand're ja so gerne
am Rennsteig durch das Land,
den Beutel auf dem Rücken,
die Klampfe in der Hand.
Ich bin ein lust'ger Wandersmann,
so völlig unbeschwert.
Mein Lied erklingt durch Busch und Tann',
das jeder gerne hört.

Durch Buchen, Fichten, Tannen,
so schreit ich in den Tag,
begegne vielen Freunden,
sie sind von meinem Schlag.
Ich jodle lustig in das Tal,
das Echo bringt's zurück.
Den Rennsteig gibt's ja nur einmal
und nur ein Wanderglück.

An silberklaren Bächen
sich manches Mühlrad dreht,
da rast ich, wenn die Sonne
so glutrot untergeht
Ich bleib' so lang' es mir gefällt
und ruf' es allen zu:
Am schönsten Plätzchen dieser Welt,
da find' ich meine Ruh.

Refrain:
Diesen Weg auf den Höh'n bin ich oft gegangen,
Vöglein sangen Lieder.
Bin ich weit in der Welt, habe ich Verlangen
Thüringer Wald nur nach dir.

Karl Müller

Am 15. April 1951 erklang dieses frischlebendige Wanderlied zum ersten Mal im Dorfsaal der kleinen Thüringer Gemeinde Hirschbach vor den Toren der am Südwestrand des Thüringer Waldes liegenden Stadt Suhl.

Der Komponist dieses Liedes, *Herbert Roth*, wurde am 14. Dezember 1926 in Suhl geboren, wo er zeitlebens zu Hause war. Er schreibt selbst:

„Gemeinsam mit meinem Jugendfreund Karl Müller hatte ich hier die ersten bewußten Begegnungen mit der Natur, erkletterte Berge und durchstreifte dunkelgrüne Nadelwälder. Schon in dieser Zeit suchte ich bei aktivem Musizieren – Klavier und Akkordeon –

nach neuen Melodien und vertonte einfache Liedtexte. Mit 13 Jahren beteiligte ich mich an einem Wettbewerb mehrerer Zeitungen. Es ging um die Vertonung eines Textes zu einem Wanderlied. Der dritte Preis unter 28 Einsendungen, 10,– Mark Honorar, und der Schulchor sang meine Melodie – das waren meine ersten Erfolgserlebnisse. Neben dem Wandern prägten das Singen und Musizieren immer mehr meine Freizeit. Ein in Aussicht genommenes Musikstudium – mit dem Wunsch, Filmkomponist zu werden – machte der zweite Weltkrieg zunichte. So setzte ich alles daran, außerhalb meines beruflichen Wirkens als Friseurmeister im väterlichen Geschäft, meiner Lebensbejahung und meiner Liebe zur Heimat und Natur mit musikalischen Mitteln und Möglichkeiten Ausdruck zu verleihen. Gleichgesinnte Musikfreunde fanden sich zusammen, und so entwickelte sich als Ergebnis zahlreicher Hausmusikabende das Ensemble in der heute noch beibehaltenen Zusammensetzung."

Zu diesem Ensemble gehörte damals der Friseurmeister Herbert Roth und die Verkäuferin Waltraut Schulz (Gesangsduo, 1. und 2. Akkordeon) sowie der Werkzeugmacher Emil Lampert (Konzertzither), der Mechaniker Paul Schulz (Gitarre) und der Fleischer Willi Kiesewetter (Kontrabaß), die dem Rennsteiglied, dessen Text Karl Müller schuf, zum Durchbruch verhalfen.

Dieser überraschende Anfangserfolg war für Herbert Roth Herausforderung zu immer neuen Kompositionen. Nicht wenige der über 330 Roth-Kompositionen, für die meist Karl Müller die Texte schrieb, wurden von Funk und Fernsehen bis nach Übersee ausgestrahlt. Herbert Roth wurde zum Botschafter seiner thüringischen Heimat. Wäre er dieser Botschafter geworden ohne seinen Freund fürs ganze Leben, Karl Müller? Herbert Roth meinte über ihn, den sie liebevoll „Kaschi" nennen:

Das Rennsteiglied in Roths Eigenschrift

„Es hat für mich nie einen besseren Partner gegeben, und wahrscheinlich gibt es kaum noch einmal einen so guten Freund."

Und Karl Müller schrieb über seinen Freund Herbert Roth:

„Als Freund von Jugend an und späterer Texter habe ich den wetterharten Kammläufer und leidenschaftlichen Pilzsucher auf der Oberhofer Höh und bergauf, talein zum Falkenstein oft und gerne begleitet. Wenn er sang ‚Ich weiß einen Weg zu den Bergen hinauf ...', dann meinte er die stillen Wege oder auch querwaldein. Hier lag sein Kraftquell."

Herbert Roths 32jährige musikalische Laufbahn als Komponist, Volkssänger und Musikant endete viel zu früh. Am 17. Oktober 1983 wurde er, der noch so viele Pläne hatte, von schwerer Krankheit erlöst. Er starb in seiner Heimatstadt Suhl. Seine Tochter Karin, die in Suhl lebt, hütet treu das Vermächtnis ihres Vaters und trägt durch ihren Gesang seine Lieder weiterhin in die Welt hinaus.

Mittlerweile sind zum Rennsteiglied A-cappella-Sätze für Chöre verschiedener Zusammensetzung geschaffen worden, so z.B. für Männerchor von *Heinz Buchold* (1922 bis 1986). Viele Chorvereinigungen von Ost und West, von Nord und Süd unseres Landes singen Herbert Roths Rennsteiglied.

Doch erstaunlicherweise stößt man wieder und wieder bei Sängern auf Unkenntnis, was denn der Rennsteig eigentlich ist. Wenn auch die Wiedervereinigung unseres Vaterlandes uns das Thüringer Land schon ein wenig näher hergebracht hat, so verblüfft doch, daß mancher Sänger eigentlich gar nicht weiß, wovon er singt.

Dieser Rennsteig, von dem hier die Rede ist (im deutschen Sprachgebrauch gibt es immerhin über 200 Rennsteige oder Rennwege), ist ein 168,3 km langer, in seiner Eigenart einmaliger Gebirgswanderweg in 800 bis 900 m Höhe ü.d. M. auf dem Kamm des thüringischen Mittelgebirgszuges. Er beginnt bei Blankenstein westlich der oberen Saale – dort, wo vor kurzem noch jene schreckliche Grenze mitten in Deutschland Deutsche von Deutschen trennte – und führt über das Thüringische Schiefergebirge (Kieferle, 868 m ü. d. M.) und die höchsten Erhebungen des Thüringer Waldes (Großer Beerberg, 982 m ü. d. M.; Großer Inselsberg, 916 m ü.d.M.) hinweg bis Hörschel im Westen an der Einmündung der Hörsel in die Werra.

Nur wenige Kilometer sind es vom Rennsteig hinüber zum Kickelhahn (861 m ü.d.M.), auf dem ein kleines Pirschhaus stand, in welchem

J.W. von Goethe (1749 bis 1832) am 6. Juni 1780 mit Bleistift an die Bretterwand schrieb: Über allen Gipfeln ist Ruh …

Franz Schubert (1797 bis 1828) hat dieses Gedicht 1823 als „Wandrers Nachtlied“ zum Lied vertont (D 768). *Richard Trunk* (1879 bis 1968) schrieb dazu einen A-cappella-Satz für Männerchor.

Markiert wird der Rennsteig durch Schilder mit dem Buchstaben R und durch eine große Zahl von Grenzsteinen aus alter Zeit, die vor allem dort, wo einst mehrere Territorien aneinanderstießen, mit eingehauenen Wappen und anderen Sinnbildern geschmückt sind.

Der Name „Rennsteig“ gibt noch heute Sprachforschern Rätsel auf. So meinen die einen, daß das Wort „Grenzweg“ bedeute, zurückgehend auf das Wort „Rain“ für Grenze, und beziehe sich auf die alte Grenze zwischen Thüringen und Franken. Die anderen weisen auf den Rennsteig als Kurierweg hin.

Der Höhenweg bildet nicht nur die Wasserscheide zwischen den Einzugsgebieten der Saale und Werra, sondern auch eine heute noch spürbare Dialektgrenze.

Wie schrieb einer der letzten Dichter zwischen Romantik und Realismus, *Joseph Victor von Scheffel* (1826 bis 1886), zu dessen Ehren gegenüber der Waldschänke am Dreiherrenstein (737 m ü.d.M) eine Bronzeplatte mit seinem Anlitz in einen Granitbrocken eingelassen wurde:

Der Rennsteig ist eine lange Wasserscheide,
die von der Werra bis zur Saale rennt.
Und Recht und Sitte, Wildbahn und Gejaide,
der Thüringer von den der Franken trennt.

Lieber Sänger, wandere einmal über sechs Tage hinweg diesen Rennsteig entlang; diese Wanderung wird Dir unvergessen bleiben! Und wenn Du am Abend in der Herberge bist, so kann es schon einmal sein, daß in irgendeiner Stube Herbert Roths unvergeßliches Rennsteiglied erklingt.

Gedenktafel bei Blankenstein

Führt Dich gegen Ende Deiner langen Wanderung Dein Weg hinüber zur Wartburg und hinab nach Eisenach, so erinnere Dich, daß hier der wohl größte deutsche Komponist, *Johann Sebastian Bach*, geboren wurde. Wann? Das Geschlecht der Bachs war so alt, daß man in verschiedenen Stadtpfeifereien Mitteldeutschlands die Stadtmusikanten

B	A	C	H	E
2	1.	3.	8	5

nannte. Die Reihenfolge der Buchstaben verrät sein Geburtsdatum im 17. Jahrhundert. Er starb als Thomaskantor am 28. Juli 1750 zu Leipzig.

Literatur:

- *Ludwig O.: Der Rennsteig, Greifenverlag zu Rudolstadt 1988.*
- *Scheibe, V., Wahl, V. und Heynert, H.: Wanderatlas; Rennsteigwanderung. VEB Tourist-Verlag, Berlin/Leipzig 1986.*
- *„Unterwegs mit Herbert Roth". Musikverlag „Lied der Zeit".*

Hugo Distler

Am Reformationstag des Jahres 1942 scharte der erst vierunddreißigjährige Komponist Hugo Distler seine Verwandten in seinem Haus in Strausberg im Osten von Berlin um sich. Auf seiner Hausorgel, die er in seiner Stuttgarter Zeit erworben hatte, spielte er die Bach'sche Chorbearbeitung „Allein Gott in der Höh' sei Ehr". Es sollte der erste entscheidende Schritt seines Abschieds für immer sein. Am darauffolgenden Morgen, am 1. November 1942, gestaltete er zum letzten Mal im Berliner Dom in Anwesenheit seiner Verwandten den Sonntagsgottesdienst mit seinem ihm ans Herz gewachsenen Staats- und Domchor und verabschiedete sich danach unter dem Vorwand, noch einiges zu tun zu haben. Er zog sich in seine unmittelbar in der Nähe zum Dom liegende Dienstwohnung in der Bauhofstraße zurück, um den Tod durch Gasvergiftung zu suchen. Seine Angehörigen fanden ihn in der Küche liegend, in der Hand das Bild seiner Familie, in der anderen Hand ein schlichtes Messingkreuz, daneben ein Abschiedsbrief an seine Frau.

Lebensangst als ständiger Begleiter und Konflikte mit den Organen des Dritten Reiches führten zu körperlicher und seelischer Erschöpfung, die den Entschluß zum Freitod reifen ließen. Im Abschiedsbrief an seine Frau stand unter anderem: „...; wer weiß wie Du, welche Lebensangst in mir gesessen hat, seit ich lebe; alles, was ich schaffte, stand unter diesem Zeichen, noch zuletzt mein geplantes Oratorium ...". Seine letzte Ruhestätte fand er auf dem Waldfriedhof in Stahnsdorf im Südosten von Berlin.

Hugo Distler wurde am 24. Juni 1908 als außerehelicher Sohn der Modistin und Damenschneiderin *Helene Distler* (1881 bis 1969) und des Stuttgarter Maschineningenieurs und späteren Fabrikanten *August Louis Gotthilf Roth* (1883 bis 1958) in Nürnberg geboren. Die familiären Verhältnisse waren für seine Kindheit denkbar ungünstig, ging doch die Mutter 1912 für sieben Jahre nach Chicago und ließ ihren Sohn bei den Großeltern, die in Nürnberg eine Metzgerei mit umfangreichem Großviehhandel betrieben, zurück. Bei aller Fürsorge durch die Großeltern fehlte dem Jungen die Nestwärme und ein geordnetes, liebevolles Elternhaus: Ursache für seine Vereinsamung, entscheidende Wurzel für seine später immer wieder durchbrechende Lebensangst.

Nach dem Abitur am Nürnberger Realgymnasium 1927 bestand er am Leipziger Konservatorium die Aufnahmeprüfung mit Auszeichnung. Welche Studienmöglichkeiten eröffneten sich ihm in dieser weltweit anerkannten Ausbildungsstätte, wirkten doch hier hervorragende Lehrer und Pädagogen! Die Stadt lebendigen Musiklebens mit den Thomanern, dem Gewandhausorchester, dem Opernhaus stand ihm offen, als er bei der Schwester seiner Mutter, *Anna Dittrich*, sich einquartierte und Geborgenheit fand.

Zunächst nahm er ein Kapellmeisterstudium bei *Max Hochkofler* auf, wählte als zweites Fach Klavier und wurde Schüler von *Carl Adolf Martienssen* (1881 bis 1955). Seine Lehrer, insbesondere der Reger-Schüler *Hermann Grabner* (1886 bis 1969) (Tonsatz), erkannten die Veranlagung des Studenten Hugo Distler und rieten ihm dringend, auf die Fächer Komposition und Orgel umzusatteln. So kam er in die Orgelklasse von *Günther Ramin* (1898 bis 1956), dem späteren Thomaskantor. Unter dem Eindruck der durch die Thomaner vermittelten alten Musik entstanden bereits in Leipzig die ersten Werke. Sein Lerneifer und Bildungsdrang kannte kaum Grenzen. Neben der Ernsthaftigkeit seines Strebens widmete er sich durchaus auch gemütlicher Geselligkeit und nahm gern an kleinen Festlichkeiten bei seinen Lehrern Grabner und Ramin teil.

Doch jäh wurde Distler aus seinem Studium herausgerissen, als 1930 sein Stiefgroßvater (*Johann Herz*, zweiter Mann seiner Großmutter) starb. Er war nunmehr zu eigenem Lebensunterhalt gezwungen. Auf Vorschlag Ramins bewarb er sich um das Organistenamt an der St.-Jakobi-Kirche in Lübeck, in das er am 11. Januar 1931 im Gottesdienst feierlich eingeführt wurde. In Pastor *Axel Werner Kühl* und Studienrat *Bruno Grusnick* fand er zwei Persönlichkeiten, die ihm herzlich zugetan waren und für sein Wirken in Lübeck von Einfluß werden sollten. Daneben bedeuteten ihm die beiden Orgeln in der Kirche viel: das große Hauptinstrument auf der Westempore und die kostbare kleine von *Friedrich Stellwagen* erweiterte Orgel aus dem späten 15. Jahrhundert an der Nordwand.

Hier kam Distler mit der nordischen Orgelwelt in innige Berührung. In Lübecks kirchenmusikalischer Atmosphäre schuf er den Großteil seiner geistlichen Werke („Deutsche Choralmesse", „Choralpassion", „Weihnachtsgeschichte", „Der Jahrkreis", „Geistliche Chormusik", „Liturgische Sätze", zwei Orgelpartiten). Von Vorteil war, daß seine eben entstandenen Werke sofort zur Aufführung kamen und durch frühzeitige Drucklegung im Leipziger Verlag Breitkopf & Härtel und in den späteren Jahren im Bärenreiter-Verlag Kassel rasche Verbreitung fanden. Mehr und mehr entwickelte sich der Komponist und Organist zu einem gesuchten Orgelinterpreten; er gab Orgelkonzerte in Lübeck, Lüneburg, Ratzeburg, Mühlheim/Ruhr, Berlin und Nürnberg. *Walter Kraft* (1905 bis 1977), Orgelimprovisator von hohem und seltenem Rang und Bewunderer Distlerschen Orgelvortrages, schrieb 1968 an die Distler-Autorin *Ursula Herrmann* (geb. 1927): „Kompositionen und Spiel waren hier völlig ‚in uno'. Niemals habe ich später eine solche Einheit bei einer Interpretation von Distler-Werken wieder vernommen; sein Spiel war – was bei Komponisten durchaus nicht immer der Fall ist – seinem Werk adäquat, kongenial."

Neben seinem geistlich, kirchenmusikalischen Wirken im orgel- und chorkompositorischen Bereich widmete er sich nach und nach auch dem Schaffen weltlicher Musik, wobei seine weltlichen Kantaten, das „Lied von der Glocke", die zahlreichen Chorsätze des „Neuen Chorliederbuches", die beiden Cembalo-Konzerte und instrumentale Kammermusiken genannt werden müssen.

Hugo Distler heiratete am 14. Oktober 1933 *Waltraut Thienhaus*, die die Kinder Barbara (1934), Andreas (1936) und Brigitte (1941) zur Welt brachte. Sie war ihm in den verbleibenden neun Jahren seines Lebens mehr als eine verständnisvolle Lebensgefährtin: Sie war stets Kraftquell für sein Schaffen und gleichzeitig gütiger Wegbegleiter in schmerzvollen Stunden.

Zunehmend überschattete das seit 1933 herrschende NS-Regime Leben und Wirken des Musikers: staatliche Vorwürfe wegen seines Engagements in der Kirche, Auftrittsverbote für unbequeme Künstler bis zur Unterbindung der Aufführung unliebsamer Werke, letztendlich die Deklarierung verworfener Werke als entartete Kunst, wie dies mit seinem zweiten Cembalo-Konzert geschah (es war als „kulturbolschewistisch verschrien).

Als sich der „Kirchenkampf" 1936/37 zuspitzte, gab es für ihn nur den Ausweg, Lübeck zu verlassen. Nach schwergefallener Trennung von seinen Freunden und den beiden Orgeln trat er am 1. April 1937 eine Lehrtätigkeit an der Stuttgarter Musikhochschule an, wo er wöchentlich dreißig Stunden in den Fächern Musiktheorie, Formenlehre und Chorleitung unterrichtete. Außerdem kam auf ihn ein reiches chorisches Wirken mit dem Hochschulchor und der Hochschulkantorei zu, später auch die Leitung der Esslinger Singakademie.

Mörike-Liederbuch, op. 19; Faksimile des Erstdrucks des Liedes „Um Mitternacht" im Bärenreiter-Verlag Kassel, 1939 (auch rechts oben)

Aus den letztgenannten Aktivitäten Distlers erhellt, daß in der Stuttgarter Zeit seine Chorleitfähigkeit zu höchster Vollendung heranreiften. Es entstand das wundervolle, umfangreiche „Mörike-Chorliederbuch" (Vertonung von 39 Gedichten Eduard Mörikes (1804 bis 1875)) – bestehend aus drei Teilen (1. Ab-

schnitt: 24 Kompositionen für gemischten Chor; 2. und 3. Abschnitt: je 12 Kompositionen für Frauen- bzw. Männerchor) –, von dem Norbert *Hampel* (geb. 1912) als einer Hohen Schule des Chorgesanges gesprochen hat. Zwei Tendenzen lassen sich in der Behandlung der Mörike-Gedichte feststellen: Die Vertonung als einfaches Chorlied und die Vertonung unter Entwicklung einer neuen Art der Sprachbehandlung (Einfangen einer gesprochenen Rezitation mit musikalischen Mitteln). Die Abbildungen geben als Beispiel das Lied für gemischten Chor „Um Mitternacht“ in der Erstausgabe von 1939 als Faksimile wieder, das der Bärenreiter-Verlag freundlicherweise zur Verfügung gestellt hat. In diesem Mörike-Gedicht wird – im Gegensatz z.B. zum „Feuerreiter“ – keine Geschichte erzählt, sondern werden in zwei Strophen unterschiedliche Bilder (Nacht zur Mitternachtsstunde, Gesang der Quellen) geschildert. Von dieser Gegensätzlichkeit ist Distlers Vertonung geprägt: Ruhe der Bewegung im ersten, Aufgeregtheit im zweiten Teil.

Aus dem „Mörike-Chorliederbuch“ gelangten mit dem Stuttgarter Hochschulchor unter Leitung des Komponisten beim „Fest der deutschen Chormusik“ im Juni 1938 in Graz 15 Chorsätze zur Uraufführung. Die Fachwelt war sich darüber einig, daß in Distlers Chorstil und seiner Chorleitung die Zukunft für die Weiterentwicklung der Chormusik lag. Der Chorkomponist *Waldemar Klink* (1894 bis 1979) schrieb 1969 an die bereits oben genannte Distler-Autorin Ursula Herrmann: „Als Distler in seinem kurzen Fräckchen auftrat und den Hochschulchor mit knappen Dirigierbewegungen zu den erstaunlichsten rhythmischen Artismen leitete, wurden wir alle unruhig, und Altmeister *Greiner* – ein unverbesserlicher Romantiker – flüsterte uns zu: ‚Kinder, das ist das Neue, auf das wir das ganze Fest hindurch gewartet haben … Das ist der Höhepunkt der Grazer Chorwoche, das ist der Beginn einer neuen Chorepoche.“

Wenn auch die Stuttgarter Zeit überwiegend glückliche Jahre für Distler waren, so holte auch hier ihn der NS-Staat ein. Er bekam den Widerstand von seiten des NS-Studentenbundes „Die Fachschaft“ zu spüren. Mit knapper Not entging er der generellen Einstufung seiner Werke in die Gattung „entartete Kunst“. Die politischen Ereignisse überstürzten sich und mündeten ein in den Beginn des Zweiten Weltkrieges: Schließung der Hochschule, Todesnachrichten gefallener Schüler, eventuelle bevorstehende Evakuierung seiner Familie und Musterung zum Kriegsdienst sowie das an ihn gestellte Ansinnen, sich „freiwillig“ nach Polen zur SS zu melden, lähmten seine Arbeitskraft und steigerten seine Lebensangst ins Unermeßliche.

Im Mai 1940 erfolgte Distlers Ernennung zum Professor und im Sommer 1940 die offizielle Berufung als Lehrer für Chorleitung, Tonsatz, Komposition und Orgelspiel an die Staatliche akademische Hochschule für Musik in Berlin-Charlottenburg. War die Berufung für ihn der Ausweg aus der bedrohlichen gewordenen Situation in Stuttgart? Als er seine neue Stelle am 1. Oktober 1940 antrat, erwarteten ihn Freunde aus seiner Leipziger Zeit: seine ehemaligen Lehrer Carl Adolf Martienssen und Hermann Grabner, dazu kam Oberkirchenrat *Oskar Söhngen*.

Er gab Orgelunterricht, doch ein Schwerpunkt seiner Tätigkeit in Berlin lag auf der chorischen Arbeit und der Weiterentwicklung seiner chorleiterischen Fähigkeiten; dazu waren ihm die Berliner Hochschulkantorei und der große Hochschulchor anvertraut worden. Schließlich ging für ihn eines der höchsten Ziele in seinem Leben in Erfüllung: Am 1. April 1942 wurde er Nachfolger von *Alfred Sittard* (1878 bis 1942) im Amt des Direktors des Berliner Staats- und Domchores.

Schon bald erfuhr er Behinderungen seitens der Hitlerjugend. Der Staats- und Domchor wurde als „Propagandainstrument“ der Kirche deklariert. Er selbst wurde in seiner persönlichen Freiheit durch den zuständigen Referenten des Hauptkulturamtes der NSDAP bedroht. Dazu kamen Bombenangriffe der Alliierten auf Berlin und seine Umgebung sowie die Ungewißheit über seine Einberufung zur Wehrmacht. Die deprimierenden Gefühle der Ausweglosigkeit und der Vereinsamung eskalierten zu Schwermut. Der Weg führte zum unumkehrbaren Entschluß, aus dieser Welt zu scheiden.

Wenn wir der jährlichen Wiederkehr des Todes von Hugo Distler gedenken, soll uns bewußt werden, in welcher beklemmenden Situation viele Künstler der damaligen Zeit gelebt und gewirkt haben. Für Ursula Herrmann war und ist Hugo Distler Rufer und Mahner.

Literatur:

- *Grabner, H., Herrmann, U., Messmer, F., Pontz, S. und Thein, W.: Hugo Distler. Komponisten in Bayern, Bd. 20; Hans Schneider, Tutzing 1990.*
- *Grabner, H.: Hugo Distlers Lehrjahre in Leipzig. Der Kirchenmusiker, 9. Jg. (1958), H. 3.*
- *Grusnick, B.: Hugo Distler. Zeitschrift für Musik, 102. Jg. (1935), H. 12.*
- *Herrmann, U.: Hugo Distler - Rufer und Mahner, Berlin 1972, 31983.*

Carl Orff
Komponist und Musikpädagoge

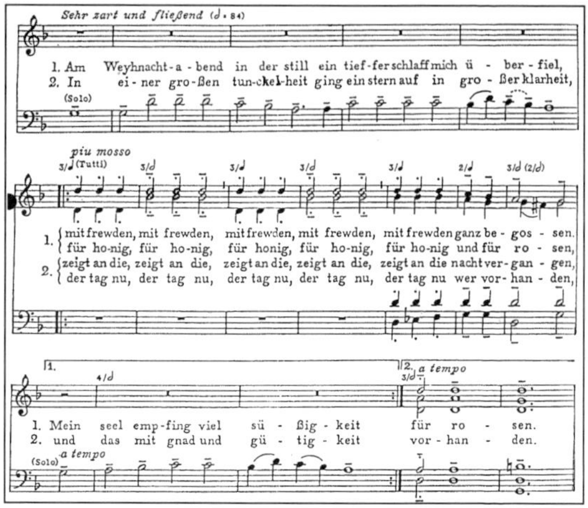

Altes Weihnachtslied
(Text und Weise 17. Jh.; Satz Carl Orff)

An die Weihnachtszeit sei mit diesem schönen Weihnachtslied des Musikers Carl Orff gedacht, der am 29. März 1982 verstarb.

Carl Orff, einer alten bayerischen Offiziersfamilie entstammend, wurde am 10. Juli 1895 – im gleichen Jahr wie *Paul Hindemith* (gest. 1963) – in München/Neuhausen geboren. Orff über sich selbst: „Ich bin Altbayer, in München aufgewachsen, und diese Stadt, dieses Land, diese Landschaft haben mir viel gegeben und mein Wesen und mein Wirken mitgeprägt."

Im Eternhaus, in dem er aufwuchs, umgab ihn in reichem Maße Hausmusik: Streichquartette und Klavierquintette erklangen; er selbst musizierte mit der Mutter am Klavier, wobei alle nur erfaßbare Literatur an Symphonie- und Opernmusik durchgespielt wurde.

Theater- und Konzertbesuche hinterließen bei ihm nachhaltige Eindrücke. Gerade die Kombination Theater-Musik bestimmte sein späteres Werk. Phantasieren in Wort und Ton war von Anfang an seine Leidenschaft. Schon als Schüler mit zehn Jahren schrieb er seine ersten Lieder und Musik zu selbstverfaßten Puppenspielen. Das Instrumentarium des Puppenorchesters umfaßte Klavier, eine Violine, eine Zither, ein Glockenspiel – und „sehr" viel Donnergeräusch auf dem Ofenblech!

Orff war ein guter Schüler im humanistischen Wittelsbacher-Gymnasium in seiner Heimatstadt. Bei E. Germann in München erschienen bereits 1911 fünf Liedersammlungen des Sechzehnjährigen. In der ersten Hälfte des gleichen Jahres komponierte er über fünfzig Lieder nach Texten von Uhland, Lenau, Hölderlin, Münchhausen, Baumbach, Storm, Lingg, Heine, Arndt, Nietzsche sowie nach altdeutschen Texten aus der Edda. In der zweiten Hälfte dieses Jahres verfaßte er sein erstes großes Chorwerk in drei Teilen mit Blasorchester, Orgel, zwei Klavieren, zwei Harfen und allerlei Schlagwerk „Also sprach Zarathustra" nach Nietzsche; allein die Instrumentation sagt Bezeichnendes über die schon damals eigenartigen und bewußten Klangvorstellungen des jungen Komponisten aus. Man muß letztendlich bedenken, daß er bis zu diesem Zeitpunkt keine einzige Stunde Harmonielehre gehabt hat, er war ein Autodidakt.

Nach dem Besuch des Gymnasiums studierte Orff 1913/14 an der Münchner Akademie der Tonkunst bei *Anton Beer-Walbrunn* (1864 bis 1929) und *Hermann Zilcher* (1881 bis 1948); beide Künstler standen Orffs urtümlichem Anliegen fern. In der Studienzeit entstand außer dem Orchesterspiel „Tanzende Faune" (nomen est omen) unter dem starken Einfluß *Debussys* (1862 bis 1918) seine erste Oper „Gisei, das Opfer" mit erstmals normalem großen Orchester und zusätzlichem stark ausgeprägtem Schlagwerk. Diese Werke bedeuteten neben den Skizzen zu seinen „Treibhausliedern" nach Gedichten von Maeterlinck für Orff den Abschluß der Jugendepoche.

Orffs nachfolgendes Schaffen war im wesentlichen von drei entscheidenden Ereignissen geprägt:

- Von 1915 bis 1917 wirkte er als Kapellmeister an den Münchner Kammerspielen. Hauptanregungen nahm er vom Schauspiel auf, nicht von der Oper. Aus diesen grundlegenden Eindrücken heraus sind viele seiner Werke und viele wesenshafte Züge späteren Orffschen Wirkens zu verstehen. Ein weiter Bogen spannt sich von der ersten Fassung des „Sommernachtstraums" (1917) nach Shakespeare (fünf weitere Fassungen folgten) zur „Klugen" (1940/43), zur „Bernauerin" (1942/47), zu „Astutuli" (1946/53) und schließlich zu den Werken über antike Tragödien. Orff sagte:

  „Vom abendländischen Theater hat nichts so stark auf mich gewirkt wie die griechischen Tragiker und Shakespeare. Beide haben mich ein Leben lang begleitet und zur künstlerischen Auseinandersetzung gereizt. Meine periodisch immer wiederkehrende Beschäftigung mit Shakespeare hat auf die meisten meiner Werke ihren Einfluß gehabt, auch wenn ich nur eines seiner Stücke, den ‚Sommernachtstraum', mit Musik versehen habe. Nicht nur meine Vorliebe für die Simultanbühne, auch die vier Burschen aus dem ‚Mond', die drei Strolche mit ihrem Rüpelspiel aus der ‚Klugen', Szenen, besonders die Hexenszene aus der ‚Bernauerin', die Soldaten aus dem ‚Osterspiel', die Hirten aus dem ‚Weihnachtsspiel', die Sterzer aus ‚Astutuli', sie alle sind ohne Shakespeare nicht denkbar."

- Nach kurzem Heeresdienst 1917 bahnte sich bei Orff eine innere Krise an, die zur Wende führte: Für ihn bedeutete die Geistigkeit der Jahrhundertwende Dekadenz. Er löste sich von dieser für ihn fremden Welt und wandte sich mit aller Bestimmtheit der alten Musik zu. Noch einmal kehrte er für kurze Zeit (1918) ans Theater zurück (Mannheim, Darmstadt), wo er in den Bann von *Richard Strauss* (1864 bis 1949) und *Hans Pfitzner* (1869 bis 1949) geriet. In dieser Zeit entstand die Schauspielmusik zu Büchners Lustspiel „Leonce und Lena". Dann brach er urplötzlich seine Theatertätigkeit ab und zog sich nach München zurück, um ganz dem Schöpferischen zu leben. Es entstanden 1920 seine „Werfel-Lieder" und „Des Turmes Auferstehung" nach Werfel. Ab 1921 studierte er nochmals ein Jahr bei *Heinrich Kaminski* (1886 bis 1946) mit der Konsequenz der endgültigen Abwendung von der Musik seiner Zeit und der Hinwendung zu den alten Meistern, vor allem des 16. und 17. Jahrhunderts. Der Weg führte über Orlandus Lassus, Palestrina und Gabrieli zu Monteverdi (dramaturgische und musikalische Neugestaltung von Monteverdis „L'Orfeo" (1923/24).

- Zu gleichen Zeit faszinierte ihn die neue Tanzbewegung, die in München-Schwabing ihre Hochburg hatte. Nunmehr erwachte die Idee des Theaterreformers: Einheit von Musik und Bewegung. Es kam zu der entscheidenden Begegnung mit *Dorothee Günther* (1896 bis 1975), mit der er 1924 die Günther-Schule gründete (1944 zwangsweise Schließung der Schule, 1945 Zerstörung des Schulgebäudes durch Kriegseinwirkung). Er fand in dieser Institution ein ideales Experimentierfeld für seine pädagogischen und künstlerischen Versuche. Als Frucht solcher Bemühungen erwuchs bis 1930 die erste Komposition seines „Schulwerks", in dessen Vorwort es heißt: „Das Schulwerk will als elementare Musikübung an Urkräfte und Urformen der Musik heranführen". (1931 erste Veröffentlichung in Zusammenarbeit mit *Gunhild Keetman*, 1948 Beginn der Schulwerksendungen am Bayerischen Rundfunk, 1950/54 Publikation „Musik für Kinder", 1961 Gründung des Seminars und der Zentralstelle für das Orff-Schulwerk an der Akademie Mozarteum in Salzburg).

Orff ließ in Zusammenarbeit mit dem berühmten Münchner Instrumentenbauer *Karl Maendler* (1872 bis 1958) neue Stabspiele bauen, Xylophone und Metallophone von der Sopran- bis zur Baßlage, die den Grundstock des neuen von Orff geschaffenen Schlagwerkorchesters (Perkussionsinstrumentarium) bildeten. Aus auf diesem Instrumentarium fußenden Ideen entstanden neue Werke.

Die meisten seiner Frühwerke hat der Komponist später zurückgezogen, einige Jahre später wieder hervorgenommen und überarbeitet, wie z.B. die Chorsätze „Catulli Carmina" von 1930/31 in 1943.

Von 1930 bis 1933 leitete Orff den Münchner Bach-Verein, dem er seinen persönlichen Stempel aufprägte. Es kam 1931 erstmals zu jener denkwürdigen szenisch-konzertanten Aufführung der Johann Sebastian Bach (1685 bis 1750) fälschlich zugeschriebenen Lukas-Passion: Im verdunkelten Saal stand eine halbbeleuchtete Bühne, im Vordergrund links auf ihr das Pult des Evangelisten, in der Mitte – auf einer Bauernbank sitzend – der Christusdarsteller, rechts – in Korrespondenz mit dem Evangelisten –

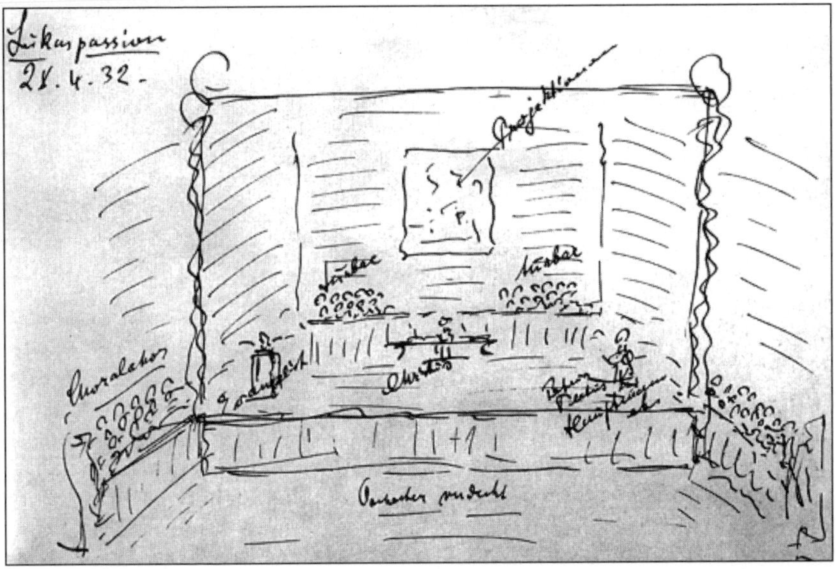

Lukaspassion

die jeweils auftretende Spielfigur (Pilatus, Petrus, der Hauptmann, Joseph von Arimathia); dahinter – etwas erhöht – die turbae, das Volk, darüber Projektionen bunter Holzschnitte nach alten Tiroler Meistern des 15. Jahrhunderts. Die Skizze (rechts) zeigt einen Entwurf Orffs für die Aufführung vom 28. April 1932.

Von 1934 bis 1936 arbeitete der Künstler an seinem wohl berühmtesten Werk, den „Carmina Burana" (Beurensche Lieder), die am 8. Juni 1937 an den Städtischen Bühnen in Frankfurt/Main uraufgeführt worden sind. Sie wurden komponiert nach Liedern und Gedichten einer Handschrift des 13. Jahrhunderts, die sich im Kloster Benediktbeuren befunden hat und vom Bibliothekar Andreas Schmeller 1847 erstmals veröffentlicht wurde. (Es handelt sich um mittelalterliche Lyrik der Fahrenden, die von Frühling, Sommer, Glück und Liebe, Wein und Tod künden). Mit diesem Werk hatte Orff seinen unverwechselbaren Stil gefunden. Konsequent teilte er dem Schott-Verlag in Mainz, der seine Schöpfungen publizierte mit: „Alles, was ich bisher geschrieben und Sie leider gedruckt haben, können Sie nun einstampfen. Mit Carmina Burana beginnen meine gesammelten Werke."

Besondere Marksteine der folgenden Jahre in Orffs Bühnenschaffen waren eine Reihe von Uraufführungen:

1939 „Der Mond“, Bayerische Staatsoper, München;

1943 „Die Kluge“, Städtische Bühnen, Frankfurt/Main;

1947 „Die Bernauerin“, Württembergische Staatstheater, Stuttgart;

1949 „Antigonae“, Felsenreitschule, Salzburg;

1953 „Trionfi“, Teatro della Scala, Milano;
„Astutuli“, Münchner Kammerspiele;

1959 „Oedipus der Tyrann“, Württembergische Staatstheater, Stuttgart;

1960 „Ludus de nato Infante mirificus“, Württembergische Staatstheater, Stuttgart;

1968 „Prometheus“, Württembergische Staatstheater, Stuttgart;

1973 „De temporum fine comoedia“, Großes Festspielhaus, Salzburg

Stets will Orff – ob im Schulwerk oder in seinen Bühnenwerken – mit Hilfe der Musik Sprache und Bewegung zu einer Einheit fügen. Der Musikpädagoge und Orff-Kenner *Werner Thomas* (geb. 1910) schreibt über Orff:

> *„Sprache, Musik, Bewegung, Tanz finden sich unter neue szenische Gesetzlichkeiten gestellt. Sprechtheater und Musiktheater führt er zusammen. Lyrisches Sagen und episches Erzählen werden szenisches Spiel, Sprachen verschiedener Herkunft und verschiedenen Alters werden mit auratischer Dignität und symbolischer Kraft begabt ... Carl Orff gleicht einem Schwimmer gegen den Strom, der sein Gesicht zu den Quellen gewendet hat.“*

Orff greift, da für seine Melodik die Vielgestaltigkeit der Sprache von eminenter Bedeutung ist, zum Spätlatein, Altfranzösisch und Mittelhochdeutsch der „Carmina Burana“, zu Catulls klassischem Latein, zum Griechischen der Sappho und des Euripides; eigene Texte schreibt er – wie in der Bernauerin – in altbayerischem Dialekt (der Mundart der Zeit, in der das Stück spielt) oder in Mischung mit anderen alten Sprachen (Ludus de nato Infante mirificus, ein Weihnachtsspiel).

Zum besonderen Stilmerkmal werden zunehmend die „Personanz-Klänge“, wie der Musiktheoretiker *Wilhelm Keller* (geb. 1920) die neuartigen, in sich ruhenden und keiner Auflösung bedürfenden Akkordbildungen nennt, die mehr und mehr an die Stelle der funktionalen Harmonik treten, alles Generalbaßmäßige verdrängen und in den antiken Tragödien schließlich zur leitmotivisch charakterisierenden Akkord-Symbolik werden (Ernst Laaff).

War Alt-München nur der städtische Schauplatz von Orffs Jugend, so fand sein Erwachsenenleben in der Landschaft um den Ammersee statt. 1955 erwarb er am Dießener Schatzberg einen idyllischen Landsitz. Der ehemalige Hörfunkdirektor des Bayerischen Rundfunks, *Joseph Othmar Zöller*, vermerkte: „Orff ist überall daheim, aber in der Landschaft am Ammersee wurzelte er." Neben dem Humanisten Orff mit seinem Erlebnis mediterran-antiker Geistigkeit steht dabei der echte Bajuware mit seiner Liebe zum urwüchsigen Volksstück und zum volksnahen, kindertümlichen Märchen, das in seiner Hand zum hintergründigen Welttheater wird (Ernst Laaff).

Zwischen 1942 und 1946 arbeitete Orff an seiner „Bernauerin", jenem Bühnenstück im altbayerischen Dialekt (s.o.), das das tragische Schicksal der Augsburger Baderstochter Agnes Bernauer schildert, die in Liebe zu dem Wittelsbacher Herzog Albrecht entflammte, mit ihm 1432 heimlich die Ehe einging und die der Vater Albrechts, Herzog Ernst, am 12. Oktober 1435 nach einem fragwürdigen kurzen Prozeß in der Donau bei Straubing ertränken ließ. Die Zeichnung von Caspar Neher zu Beginn dieses Kapitels zeigt Carl Orff anläßlich der Uraufführung der „Bernauerin" mit dem Zitat rechts unten: „Jetzt kummts niemer hoch" (im Original „Itzt kummts' nimmer hoch").

In einem Gedächtnisband schrieb Orff – unter Verwendung eines Zitats aus der vierten Szene des ersten Teils in der Bernauerin – in einem „Brief" an seinen von den Nationalsozialisten umgebrachten Freund, Anhänger der Widerstandsbewegung „Weiße Rose", *Kurt Huber* (1893 bis 1943) u.a.:

„... Ich schrieb die Bernauerin im Gedanken an den fernen Freund, der wie in geheimer Zwiesprache in all meiner Arbeit immer so gegenwärtig war. Ich schrieb die Bernauerin in der alten Sprache, im alten bayerischen Dialekt, den Sie so liebten – ein Volkslied, das Sie so oft spielten und sangen, ist in die Musik mit eingeflochten. – ‚Die Bernauerin, ein bayerisches Stück'. –

Sie waren fortgegangen –- es kamen die dunklen Tage, Wochen, Monate. –

„Dunker, ganz dunker,
stockdunker muaß's wern,
auf daß ma dös Liacht
wieda richti derkennt.

So darf ich nun auf die letzte Seite der Partitur die Worte setzen: In memoriam Kurt Huber."

Von seinem Dießener Landhaus konnte Orff hinüberblicken über den Ammersee zur Klosterkirche Andechs, in deren Gruft Herzog Albrecht 1460 seine letzte Ruhe fand. Kloster Andechs, das ist auch die letzte Heimstatt des großen Komponisten und Musikpädagogen Carl Orff geworden, dem in seinem Leben Ehrungen im In- und Ausland wie reife

Früchte zufielen. Auf der Grabplatte in der Schmerzhaften Kapelle der Klosterkirche stehen die letzten Worte seines „Spiels vom Ende der Zeiten (De temporum fine comoedia)“: „Summus Finis“.

Literatur:

- *Carl Orff und sein Werk, Dokumentation. Acht Bände, verlegt bei Hans Schneider, Tutzing.*
- *Liess, A.: Orff, Carl. Idee und Werk. Atlantis-Verlag, Zürich.*
- *Laaff, E.: Carl Orff, Die Musik in Geschichte und Gegenwart, Bd. 10, S. 199/203.*
- *Schäfer, W. E., Ruppel, K. H., Sellner, G. R. und Thomas, W.: Carl Orff, Ein Bericht in Wort und Bild, B. Schott's Söhne, Mainz 1960.*
- *Gersdorf, L.: Carl Orff. Rowohlt Taschenbuch Verlag GmbH 1990, 680 - ISBN - 3 - 499 - 50293 - 3.*

Der Müllner-Peter von Sachrang

In den Jahren 1932 bis 1937 war in Sachrang, einem idyllischen Dorf im Priental nahe der österreichischen Grenze, als Lehrer *Hans Heininger* tätig. Wie so viele Lehrer in Gemeinden befaßte auch dieser sich in seiner Freizeit mit Heimatforschung, betrieb eifrig Studien, sprach mit Einheimischen und notierte eine Menge interessanter Dinge. Ihm war es vorbehalten, aufgrund seiner Nachforschungen das Leben des *Peter Hueber* (vielfach taucht auch die Schreibweise „Huber" auf) ans Licht zu bringen. Das meiste erfuhr der Erzieher aus Erzählungen der damals 84jährigen Großnichte Peter Huebers, dem *Auer Liesei*.

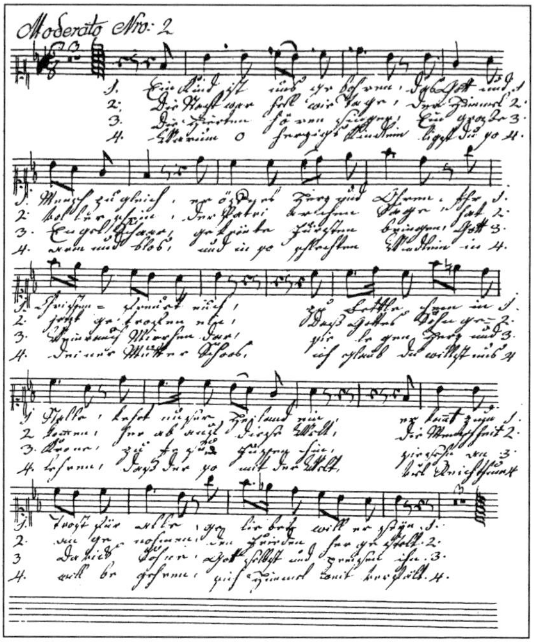

Singstimme des Weihnachtsliedes „Ein Kind ist uns gebohren . . ." in der Handschrift des Peter Hueber (Mus. Mss. 7478)

In einem von Hans Heininger 1935 veröffentlichten siebenseitigen Aufsatz lasen die Menschen über jenes dörfliche Universalgenie, das um die Wende des 18. Jahrhunderts in Sachrang zum Wohle seiner Gemeinde wirkte {1}.

Dieser Peter Hueber, Aumüller zu Aschach, war Gemeindevorstand, Kirchenpfleger, Wundarzt, Apotheker und schließlich und endlich – wie aufzuzeigen sein wird – ein tüchtiger Musiker. Man nannte ihn landauf, landab den Müllner-Peter von Sachrang.

Im Taufbuch der Pfarrei Sachrang findet sich die Eintragung: „Am 29. Junii Anno Domini 1766 ward allhier den Müllnerseheleuten Georgio und Margarethae, natae Hupfin, ein Söhnlein geboren, welchselbiges von mir, Vicario Joanni Georgio Aiblinger, gleichen tags auf den Namen Peter ist getauffet worden"{2}.

Er war das fünfte von acht Kindern. Jener Vikar Aiblinger war es auch, der den Knaben in Schreiben und Lesen unterrichtete, ihn das Harfenspiel lehrte und in ihm anhand alter Kirchenbücher das Interesse für die Geschichte seines Heimattales weckte. Mit diesem Rüstzeug verließ Peter Hueber 1778 das väterliche Müllneranwesen und kehrte 1784 zurück. Wo er in dieser Zeit gelebt hat, läßt sich nicht nachweisen; doch vermutet *Robert Münster* (geb. 1928), daß Peter Hueber die Klosterschule des Augustinerchorherrenstiftes Weyarn besucht hat, an der auch Philosophie und Moraltheologie unterrichtet wurden und die für ihren ausgezeichneten Musikunterricht weithin bekannt war [3].

Auf jeden Fall weist die umfangreiche Bibliothek Peter Huebers auf eine für dörfliche Verhältnisse außerordentliche Bildung hin. Er beherrschte neben den Hausinstrumenten Zither, Gitarre und Harfe auch die Orgel und sämtliche Streichinstrumente.

Zunächst beschäftigte ihn sein Vater, „zehnter Müller aus dem Geschlecht der Hueber, so seit 1552 auf der Mühl in der Au sitzen“ [2], als Müllergeselle und Sägewerker, daneben wurde er Bauernknecht und Viehzüchter. 1809 übergaben ihm seine Eltern das Anwesen, seine Geschwister zahlte er aus.

In der oberen Kammer seiner Mühle richtete Peter Hueber sich eine Apotheke ein. Messingmörser und Arzneigläser – mit lateinischen Aufschriften versehen – sind noch heute vorhanden. Er verfaßte zwei umfangreiche Bücher mit Rezepten, fein säuberlich getrennt nach Mensch und Tier; so findet man ein Rezept „Für die Mundfäule“ ebenso wie ein „Mittel wider Rindviehkrankheiten“. In Sterberegistern von Gemeinden stehen unter der Rubrik „behandelnder Arzt“ Eintragungen wie „Müllner-Peter von Sachrang“ oder gar „Chyrurg von Sachrang“.

Eine seiner größten Leistungen war das leidenschaftliche Engagement für den Wiederaufbau der in unmittelbarer Nähe zur österreichischen Grenze gelegenen, verfallenen Ölbergkapelle aus der zweiten Hälfte des 17. Jahrhunderts, wofür er als Kirchenpfleger nach vielen Bemühungen 1825 die obrigkeitliche Bewilligung erhielt. Nahezu die Hälfte der Baukosten sowie die Kosten für die Verpflegung der Handwerker übernahm er selbst. Zur Ölbergkapelle finden alljährlich bayerisch-tirolerische Wallfahrten statt, verbunden mit ehrendem Andenken an den Müllner-Peter von Sachrang. Stets dabei sind hohe kirchliche Würdenträger sowie Kirchenchöre mit bis zu 160 Sängern und Blasmusik von etwa 50 Ausführenden, wobei Messen aus dem Nachlaß des Müllner-Peter gesungen und gespielt werden.

Die erste öffentliche Nachricht über Peter Huebers musikalisches Wirken stammt aus dem Jahr 1797, als er zum Chorregenten und Organisten der Sachranger Pfarrkirche St. Michael bestellt wurde. Pfarrer *Eusebius Sänftl* kennzeichnete 1824 Huebers chorische Tätigkeit wie folgt:

„Der damalige Organist und Kantor und so zu sagen – Herr und Hersteller des hiesigen Chors und Orchester – war Peter Hueber, Mühler zu Aschach, der in seinem ersten Eifer aus eigenem Antrieb sich die Mühe und Unkösten machte, Orgel, Instrument, Sänger und Spieler auf diesen Instrumenten herzustellen: da er selbst Vermögen besaß, that er nun anfange – besonders unter Hr Discher noch – alles dieß für seine Plaisir und zur Uebung seiner Lehrlinge und fand es unter sich, etwas zu verlangen . . .“

Zu seinen eifrigsten Schülerinnen zählte *Maria Hell* aus dem Nachbarhaus des Müllners, die begabt war in Violin- und Flötenspiel und als gelernte Schreinerhandwerkerin und Kunstmalerin wertvolle Möbel hinterließ. Trotz Warnungen schloß Peter Hueber mit ihr die Ehe, die kinderlos blieb und höchst unglücklich verlief. Bei einem Hochwasser 1824 ertrank Maria Hell in der Prien, als ein Steg brach.

Für seine Chormusik erhielt Peter Hueber jährlich vier Gulden. Im Jahr 1821 wurde er in seinen musikalischen Ämtern von dem neuen Lehrer *Anton Ebner* abgelöst.

Bei seinen Nachforschungen über das Leben Peter Huebers entdeckte der Lehrer Hans Heininger durch Zufall in einem Schrank auf der Orgelempore der barocken Pfarrkirche umfangreiches Material von Musikhandschriften. Als *Hans Halm* (1898 bis 1965), damaliger Leiter der Musikabteilung der Bayerischen Staatsbibliothek und Vorgänger des bereits o. e. Robert Münster, 1938 seinen Urlaub in Sachrang verbrachte, wurden einige Hundert weitere ungeordnete Musikhandschriften aufgefunden, die in einer Truhe der Auer Liesei im Aschauer Grund lagen. Der gesamte Notenbestand gehörte zur Notensammlung des Peter Hueber. Hans Halm kaufte den ganzen Bestand für die Bayerische Staatsbibliothek an, der dort unter den Signaturen „Mus. Mss. 7312–7622“ heute verwahrt wird [4,5].

Kennzeichnung der Notenblätter

Die meisten Notenblätter tragen die Kennzeichnung „Ad me Petrum Hueber“ (oder Huber), was in diesem Fall soviel bedeutet wie „Diese Handschrift gehört dem Peter Hueber“ (oder Huber).

Es sind Dokumente seines musikalischen Wirkens und sind erfreulicherweise zum größten Teil erhalten geblieben. Es handelt sich vorwiegend um Abschriften von Instrumental- und Vokalwerken zeitgenössischer Komponisten aus Bayern, Schwaben und Tirol; fast ein Drittel der Sammlung bestreitet ein einziger Komponist, *Augustin Holler* (1744 bis 1814), mit dem Peter Hueber wahrscheinlich eng befreundet war. *Renata Wagner*, Mitarbeiterin von Robert Münster in der Bayerischen Staatsbibliothek, schreibt [6]:

„Das Musikrepertoire mit seinen fast 50 weltlichen und über 300 geistlichen Werken zeigt eine erstaunliche Vielfalt. Es enthält unter anderem 2 Sinfonien, 11 Serenaden, 7 Divertimenti, 13 Tanzzyklen (Allemandes, Menuette, Ländlerische), 2 Quartette, 1 Trio, 3 Gratulationsmusiken, 1 Konzert für Violine und Orchester, 3 Partiten. Fast 100 Messen sind erhalten, über 50 Offertorien, über 20 Graduale, 10 Vespern, 12 Litanaien, 20 kleinere Kirchenwerke, 3 Karfreitags- und 2 Auferstehungsmusiken in deutscher Sprache, außerdem ungefähr 100 deutsche Kirchenlieder mit Orchesterbegleitung. Dazu kommen noch einige unvollständig erhaltene Werke."

Die gefundenen Schriften aus der Hand des Peter Hueber, seines Bruders Thomas Hueber und der Maria Hell sind Zeugnisse eines regen Musiklebens in einem ländlichen Kulturzentrum der damaligen Zeit, wo mit viel Freude und Engagement musiziert wurde. Initiator und Organisator war Peter Hueber.

Bei lediglich sechs Handschriften kommt Peter Hueber auch als Komponist in Betracht: Es sind dies drei Offertorien, ein deutsches Te Deum, (drei) Weihnachtslieder und (zwei) deutsche Kirchenlieder. Zu erkennen ist die Authentizität auf Notenblättern an der Bezeichnung „del Signore Huber" oder „Author Rebuh" (Rebuh rückwärts gelesen heißt Huber!). Die eingangs abgebildete Singstimme gehört zu den drei Weihnachtsliedern und ist von Peter Hueber eigenhändig geschrieben; sie liegt zusammen mit Instrumentenstimmen und den beiden anderen Weihnachtsliedern in einer Mappe [7]. Mit solchen Mappen, die vermutlich von Peter Hueber und Maria Hell außen kunstvoll gestaltet worden sind, ist die Notensammlung systematisch geordnet und innerhalb von Gruppen durchnumeriert.

Ein authentisches Abbild Peter Huebers, der von 1817 bis 1821 das Amt des Gemeindevorstehers innehatte, ist nicht überliefert; doch vermutet man, daß er auf einer um 1830 in Öl auf Holz gemalten Votivtafel eines unbekannten Künstlers in der Ölbergkapelle als etwa 60jähriger abgebildet ist.

Sachrang zur Zeit des Müllner-Peter um 1830; Ausschnitt aus dem Altarbild der östlichen Kapelle der Sachranger Ölbergkapelle, gemalt von Sebastian Reachenauer d. J. aus Rosenheim. Foto: Berger, Prien

In der Ölbergkapelle befindet sich ein weiteres Bild, das Sachrang zur Zeit des Müllner-Peter wiedergibt: links am Berghang die Ölbergkapelle, in der Mitte die Pfarrkirche zu Sachrang und rechts eine Häusergruppe mit den Anwesen des Peter Hueber und der Maria Hell.

Am 19. August 1843 starb Peter Hueber im Alter von 77 Jahren an „Lähmung der Harnwerkzeuge". Links vom Portal der Sachranger Kirche fand er neben seiner Frau die letzte Ruhe. Ein schmuckvolles schmiedeeisernes Kreuz ziert das Grab der Eheleute, die im Leben nicht zueinander fanden und erst im Tod vereint waren.

Die Gemeinde Sachrang und der „Freundeskreis Müllner-Peter von Sachrang" erkoren das Jahr 1993 zum Gedenkjahr für den großen Sohn des Prientales. Veranstaltungen und Ausstellungen wurden abgehalten, und in Schrift [8] und Musik [9] wurde seiner gedacht.

Carl-Oskar Renner hat durch seinen Roman „Der Müllner-Peter von Sachrang" Berühmtheit erlangt [10]; das Fernsehen produzierte nach diesem Roman den Fernsehdreiteiler „Eine Chronik aus den Bergen". Dichterische und künstlerische Freiheiten haben jedoch da und dort zu Abweichungen von den wahren Begebenheiten geführt.

Literatur:

[1] *Heininger, H.: Unser alter Müllner-Peter. Typoskript 1935. Bayerische Staatsbibliothek, Musikabteilung.*

[2] *Freundeskreis Müllner-Peter v. Sachrang e. V. Der Müllner-Peter und die Oelbergkapelle von Sachrang. Broschüre.*

[3] *Breit,St.: Der Müllner Peter von Sachrang. Sänger- und Musikantenzeitung, 36. Jg. (1993), Heft 3, S. 149/154.*

[4] *Münster, R.: Randglossen zum Notenschatz des Müllner Peter. Sänger- und Musikantenzeitung, 36. Jg. (1993), Heft 3, S. 155/162.*

[5] *Sachranger Notenschatz. Aktualisierte Neufassung des Kleinen Ausstellungsführers der Bayerischen Staatsbibliothek Nr. 20. Fachliche Beratung Dr. Renata Wagner und Dr. Robert Münster.*

[6] *Wagner, R.: Peter Huber (1766–1843) und seine Sachranger Musikaliensammlung. Sänger- und Musikantenzeitung, 16. Jg. (1973), Heft 1, S. 9/11.*

[7] *Weihnachtslied „Ein Kind ist uns geboren". No. 52, 53, 54; Mus. Mss. 7478. Bayerische Staatsbibliothek, Musikabteilung.*

[8] *Hamm, M.: Die Zeit des Müllner Peter von Sachrang. Rosenheimer Verlagshaus. Rosenheim 1993.*

[9] *CD/Kassette mit Musik aus der Sachranger Notensammlung.*

[10] *Renner, C.-O.: Der Müllner-Peter von Sachrang – Historischer Roman aus dem Chiemgau. Rosenheimer Verlagshaus, Rosenheim.*

Stephen Collins Foster

Die Musik der Vereinigten Staaten von Amerika im 19. Jahrhundert und zu Beginn des 20. Jahrhunderts

Im Jahre 1891 erhielt *Antonin Dvõrák* (1841 bis 1904) ein Telegramm:

„Würden Sie die Direktorenstelle des Nationalen Konservatoriums in New York ab Oktober 1892 akzeptieren und sechs Konzerte mit Ihren Werken leiten?"

Absender dieses Telegramms war *Mrs. Jeanette M. Thurber*, Gattin eines Millionärs und Gründerin des „National Conservatory" in New York, deren Ehrgeiz es war, ihr Konservatorium als amerikanische Komponistenschule zu etablieren. Nach anfänglichem Zögern nahm Dvõrák das Angebot an und reiste im September 1892 nach Amerika. Mit seiner Tätigkeit in New York gab der tschechische Komponist einen nicht zu unterschätzenden Impuls zu einer auf amerikanischer Folklore fußenden nationalamerikanischen Musik. Er lernte Indianermusik und die Musik der Schwarzen durch *James Gibbons Huneker* (1860 bis 1921) und seinen schwarzen Schüler *Harry Thacker Burleigh* (1866 bis 1949) kennen. Wenn ihm auch nicht die primitive amerikanische Musik in authentischer Fassung zugänglich war, da die musikalische Ethnologie damals noch in den Kinderschuhen steckte, so war dennoch das Ergebnis seines folkloristischen Interesses bedeutend.

Zeugnisse seines Wirkens in dieser Richtung sind seine Kompositionen während seines Aufenthaltes in Amerika von 1892 bis 1895. Stellvertretend sei genannt seine 9. Symphonie in e-moll „Z nového svéta" (Aus der Neuen Welt, op. 95), entstanden 1893 in New York. Zwar kann nicht von einer amerikanischen Symphonie gesprochen werden – dazu war Dvõrák zu sehr mit seiner tschechischen Heimat verbunden –, doch ist der Einfluß Amerikas unverkennbar: Der 2. und 3. Satz wurden unter dem Eindruck von *Henry Wadsworth Longfellows* (1807 bis 1882) „Song of Hiawatha" (1855) geschrieben, der Tanz Pau-Puk-Keewis verbirgt sich hinter dem Scherzo, und Minnehahas Begräbnis mag – nach neueren Analysen gelegentlich angezweifelt – das Largo inspiriert haben.

Eigentlich folgte Dvõrák mit seinem Engagement in den Vereinigten Staaten dem Trend der Zeit. Das der Musik so lang verschlossene Amerika öffnete sich diesem Kunstzweig weit anläßlich äußerer Einflüsse aus dem fernen Europa: Mit zwei großen Einwanderungswellen – im Anschluß an die Französische Revolution 1789 und nach den 48er Jahren des 19. Jahrhunderts (übrigens führte eine dritte Einwanderungswelle 1933 infolge des Faschismus zu analogen Effekten!) wanderten ausgezeichnet geschulte Musiker aus Europa in Amerika ein. Unter Aufsicht europäischer Lehrer begannen Amerikaner in ihrer Heimat Musik zu studieren, um dann ihre erworbenen Kenntnisse während eines Aufenthaltes in Europa zu ergänzen und zu vertiefen.

Somit lassen sich Mrs. Thurbers Bemühungen um Dvŏrák durchaus funktional einordnen.

Amerikanische Musikhistoriker taten sich schwer, die Musikgeschichte ihres Landes zu Papier zu bringen. Diese steht bis tief ins 19. Jahrhundert hinein – geprägt von nahezu unüberbrückbaren Kontrasten – in engem Zusammenhang mit der soziologischen Struktur dieses Landes und ist in ihrer Eigenart nur aus ihr verständlich. Auf der einen Seite entwickelte sich, vom europäischen Einfluß ständig vorangetrieben, die Musik einer bürgerlich etablierten Gesellschaft, die vorhandene Aktivitäten und Traditionen im amerikanischen Volk nicht kannte oder nicht erkennen wollte, auf der anderen Seite stand die urwüchsige Volksmusik der einfachen Leute, insbesondere der in Reservaten lebenden eingeborenen Indianer und der durch den Sklavenhandel ins Land gekommenen in Plantagen arbeitenden Schwarzen.

In der ersten umfassenden Musikgeschichte der Vereinigten Staaten „Music in America" des – elsässischen(!) – Musikers *Frédéric Louis Ritter* (1834 bis 1891) aus dem Jahre 1883 wird der Gründung von Musikvereinigungen und Orchestern, der Entwicklung des Oratoriums und der Oper sowie dem Fortschritt der Vokal- und Instrumentalmusik in den großen Städten viel Beachtung geschenkt. Unverhohlen wird dagegen behauptet, daß „das Volkslied ... im amerikanischen Volk nicht lebendig ist." Lediglich den „Liedern der Farbigen" zollte er Anerkennung. Den Grund für den seiner Meinung nach völligen Mangel an nationaler Volksmusik und –dichtung suchte er noch zu seiner Zeit in der Musikfeindlichkeit eingewanderter puritanischer Siedler im 17. Jahrhundert: Sie betrachteten Musik als sündhaft; aus den schmucklosen Kirchen wurden in der zweiten Einwanderergeneration die Orgeln verbannt, es gab keine weltliche Vokal- und Instrumentalmusik.

Auch der aus Boston stammende *Louis Charles Elson* (1848 bis 1920) verfiel in seiner 1904 erschienenen „History of American Music" in ähnliche Betrachtungsweisen, indem er die Aufmerksamkeit auf Komponisten statt auf vorhandene musikalische Institutionen lenkte. von 423 Seiten seines Werkes widmete er ganze 16 Seiten der „Volksmusik Amerikas" und erklärte: „Man muß zugeben, daß Amerika auf diesem Gebiet wenig hervorgebracht hat." Und dies schrieb ein amerikanischer Musikhistoriker zu einem Zeitpunkt, als das „Volkslied-Genie-Amerikas" *Stephen Foster* (1826 bis 1864) bereits 40 Jahre tot war!

Arthur Farwell (1872 bis 1952), einer der großen Pioniere einer national-amerikanischen Musik, war es vorbehalten, mit dem Zuschütten der Gräben zwischen den Extremen Ernst zu machen. Er schrieb 1915:

„Dem amerikanischen Komponisten droht eine große Gefahr — die Gefahr, der standardisierten, konventionellen Modemusik zu verfallen ... und an der wahren Natur des amerikanischen Volkes und seinem musikalischen Anliegen vorüberzugehen."

Farwell betrieb Studien besonders in indianischer Musik und verarbeitete ursprüngliches Motivmaterial der Indianer in seinen Kompositionen.

Der große Aufschwung des standesbewußten amerikanischen Musiklebens begann, wenn auch noch weithin verborgen, bereits um die Mitte des 19. Jahrhunderts. In dieser Zeit erkennt Amerika, daß Musik Empfindungen und Gefühle aussprechen kann, in denen sich das ganze Volk wiederfindet. Zunächst spielt die leichte Musik eine agierende Rolle, sich manifestierend in „home-songs" einerseits und „minstrel-songs" (von ménestrel = im mittelalterlichen England Bezeichnung für den fahrenden Musiker und Spielmann) andererseits. Letztere werden in sogenannten „minstrel-shows", einer seit dem 19. Jahrhundert in Amerika beliebten Form des Varietétheaters typisch amerikanischer Ausprägung, dargeboten. Aufgeführt werden „Negro-dialect songs", die von Weißen in einem der Volksmusik der amerikanischen Schwarzen angenäherten Idiom komponiert sind. Der Schwerpunkt liegt nicht so sehr auf dem Musikalischen, sondern im Ausdruck (Schwermut, Sentimentalität, Heimweh). Welch eigentümliches Wechselspiel bis auf den heutigen Tag: Viele angebliche Gesänge der Schwarzen sind von Weißen verfaßt, von den Schwarzen aber übernommen und verändert worden. Sie leben nunmehr als „echte" Negrosongs im Bewußtsein der Öffentlichkeit.

Das wachsende Interesse der Weißen an der Kultur der Schwarzen ebnete letztendlich den Weg für den Ende des 19. Jahrhunderts entstehenden Jazz.

Am 50. Jahrestag der amerikanischen Unabhängigkeitserklärung, am 4. Juli 1826, wurde in Lawrenceville im Staate Pennsylvania *Stephen Collins Foster* als neuntes Kind des Geschäftsmannes William Barclay Foster und seiner Ehefrau Eliza Clayland Tomlinson geboren. Schon von frühester Kindheit an war der Knabe an Musik im Hause seiner Eltern gewöhnt. Dort erklang viel Musik zur Erholung und Erheiterung in Mußestunden und als eleganter Zeitvertreib. Er selbst spielte Flöte, Gitarre und

Klavier. Sein Talent für Musik wurde zwar früh erkannt, doch förderten ihn seine Eltern nicht. Einige wenige musikalische Kenntnisse erhielt er von einem älteren Freund, dem aus Deutschland gebürtigen Musiker und Musikalienhändler *Henry Kleber*; diese Studien erfolgten nicht systematisch, weshalb Foster des öfteren als Autodidakt bezeichnet wird. Sein erstes Lied „Open thy lattice, love" entstand 1844.

Während seiner Kindheit besuchte Stephen Foster mit *Lieve*, einer schwarzen Dienerin im Hause Foster, den Gottesdienst und lauschte aufmerksam dem „shouting" der Schwarzen. Es wird vermutet, daß Lieve ihm Lieder von den Westindischen Inseln vorsang, Melodien, wie sie die französischen Schwarzen von Martinique und Saint Domingo nach Lousiana gebracht hatten. Die Erinnerungen an die Kirche der Schwarzen wurden in ihm wieder wach, als er in einem Warenhaus in Pittsburgh eine Stellung annahm und am Schiffskai an den Quellflüssen des Ohio die schwarzen Dockarbeiter fröhlich singen hörte. Die alten und neuen Eindrücke vermischten sich in ihm und fanden ihren Niederschlag in seinen äthiopischen Liedern, die er von 1845 an zu komponieren begann und zu denen er – neben der Musik – auch die Texte schrieb. Der aus einer hochangesehenen Bürgerfamilie stammende Komponist ließ aus Scheu vor der etablierten Gesellschaft in den Anfangsjahren noch seine Melodien ohne seinen Namen auf der Titelseite drucken. Doch mit wachsendem Erfolg bekannte er sich zu seinen Liedern. Er schrieb in jenem berühmt gewordenen Brief an *Edwin Pearce Christy* (1815 bis 1862) vom 25. Mai 1852:

> *„I have concluded ... to pursue the Ethiopian business without fear or shame and ... to establish my name as the best Ethiopian songwriter."*

Englische Ausgabe von Stephen Fosters „My Old Kentucky Home, Good Night"

Foster arbeitete von 1846 bis 1850 als Buchhalter in der Firma seines Bruders Dunning Foster in Cincinnati, kehrte dann nach Pittsburgh zurück und heiratete die Arzttochter Jane McDowell. Von nun an widmete er sich professionell dem Liederschreiben. Seine Erfolge wuchsen ständig. Doch ungünstige Vertragsabschlüsse, so mit „Christy's minstrels", benannt nach dem Gründer, Manager und Hauptakteur einer berühmten Showtruppe, schmälerten mehr und mehr seinen Ruhm. In einem ungleichen Kampf gegen die Verleger schwanden seine Kräfte. Nach 1862 war Stephen Foster ein geschlagener Mann, dem Alkohol verfallen, ein kränkelnder, für billigen Lohn arbeitender Liederschreiber. Nach einem Unfall in einem New Yorker Hotel verstarb er völlig mittellos in Einsamkeit am 13. Januar 1864 im Bellevue Hospital zu New York. Auf dem Allegheny-Friedhof in Pittsburgh fand er seine letzte Ruhe.

Stephen Foster komponierte innerhalb von knapp 20 Jahren über 200 Lieder, die sich – nachfolgend mit Titeln nur beispielhaft benannt – in zwei Gruppen einteilen lassen:

- Lieder der ersten Gruppe – etwa 135 „songs for hearth and home" – bauen auf unterschiedlichen Gesangstraditionen auf.

  Viele Lieder basieren auf irischen Volksweisen (Sweetly she sleeps, my Alice fair; Jeanie with the light brown hair*).

  Weitere Lieder wurzeln in der anglo-amerikanischen Konzert- und Schauspielmusiktradition der aufsteigenden Mittelklasse (Once I loved thee, Mary dear; Ah! May the red rose live alway). Man erkennt bei einigen Liedern sogar direkt den Einfluß italienischer Opernarien, besonders solchen von Donizetti und Bellini (The voice of bygone days; Come with thy sweet voice again; Beautiful dreamer), und auch die Tradition des deutschen Liedes Schubertscher Prägung (Sadly to mine heart appealing) wird sichtbar.

  Die meisten Lieder – Strophenlieder und in Dur komponiert, mit einfacher Klavier- und Gitarrenbegleitung – sind Liebeslieder, andere (Old Dog Tray; My old Kentucky home, good night*) sind Reminiszenzen an vergangene Tage. Einige wenige Lieder schließlich sind Bürgerkriegslieder (We are coming, Father Abraam; Was may brother in the battle?).

- Lieder der zweiten Gruppe – etwa 30 „minstrels-songs" – sind seine äthiopischen Lieder.

  Zurückgehend auf englische Volksliedtraditionen, unterschiedlich in Thematik und Stil, beinhalten sie oft in Schwarzendialekt abgehandelte Beschreibungen von Plantagenerlebnissen oder Erlebnisse aus Indianerlagern. Die besten dieser Lieder (Oh! Susanna*; Camptown Races*; Old Folks at Home*; Massa's in de cold ground*) sind streng rhythmische Lieder mit vorherrschend pentatonischen Melodien. Auf den ersten Teil, für Solostimmen gesetzt, folgt ein vier- oder fünfstimmiger Choralrefrain, einmündend in einen Instrumentalteil, mit welchem in der „minstrel-show" zum Tanz aufgefordert wurde.

- Der Musikwissenschaftler *William Weaver Austin* (geb. 1920) unterscheidet sogar noch eine dritte Kategorie von Foster-Liedern, die er „pathetische Plantagenlieder" nennt.

Stephen Fosters Lieder sind in Amerika so bekannt geworden, daß sie bis auf den heutigen Tag in die Rubrik „Volkslieder“ eingestuft werden. „Oh! Susanna“ wurde zur Hymne der Abenteurer beim kalifornischen Goldrausch 1849. „My old Kentucky home, good night“ avancierte gar zur Hymne des Staates Kentucky und „Old Folks at Home“ zur Hymne des Staates Florida. Stephen Foster war der erste amerikanische Komponist, dessen Werk in einer kompletten Kunstausgabe, bestehend aus Faksimiles der Erstausgaben, in einer Auflage von 1.000 Stück (in den 30er Jahren) herausgegeben worden ist.

Svend Saaby arrangierte einen empfehlenswerten Chorsatz für Männerchor mit Klavierbegleitung (neben amerikanischen Texten deutsche Texte von Horst Welter), erschienen 1962 im Wilhelmiana Musikverlag in Frankfurt/Main. Darin sind sechs Lieder des amerikanischen Komponisten (in obigen Abschnitten mit * versehen) zu einem klangvollen „Stephen Foster Potpourri“ zusammengestellt.

Einer der größten Verehrer von Stephen Fosters Liedkompositionen war – Antonin Dvŏrák.

Stephen Foster Potpourri

Literatur:

- *Berühmte Komponisten der Welt. Rheingauer Verlagsgesellschaft, Eltville a. Rh. 1987.*
- *Kenny, M. E.: Foster, Stephen Collins. Die Musik in Geschichte und Gegenwart, Bd. 4, Sp. 591/593.*
- *Hitchcock, H. W.: Foster, Stephen C(ollins). The New Grove Dictionary of American Music. Bd. 2. Macmillan Press, London 1986.*
- *Gilbert, Ch.: Die Musik Amerikas von den Anfängen bis zur Gegenwart. Max Hesses Verlag, Berlin 1958.*

In memoriam Kurt Huber

Am 13. Juli 1943 endete das Leben Kurt Hubers, Mitglied der Widerstandsbewegung „Weiße Rose", auf dem Schafott, ausgelöscht von Hitlers Mordgehilfen in Stadelheim bei München.

Kurt Huber wurde am 24. Oktober 1893 in Chur/Graubünden in der Ostschweiz als drittes Kind deutscher Eltern geboren; noch kaum vier Jahre alt, übersiedelten die pädagogisch wie musisch hochbegabten Eltern 1896 mit ihren Kindern nach Stuttgart, wo Kurt Huber 1903 in das berühmte Ludwig-Eberhard-Gymnasium eintrat. Die Mutter erteilte dem Sohn Klavier-, der Vater musiktheoretischen Unterricht, ergänzt durch eine gediegene musikalische Ausbildung am Gymnasium.Als Zwölfjähriger komponierte er ein „Spiel vom Rotkäppchen", das seine Mutter verfaßt hatte. Schon bald zeigte sich bei ihm eine starke Begabung für Sprachen, Mathematik und Physik, weitaus stärker jedoch eine außerordentliche, von den Eltern geförderte Musikalität, verbunden mit einem ausgeprägten Gedächtnis. Er besaß ein unbeirrbares absolutes Gehör.

Zwei schicksalhafte Ereignisse verändern das Leben des Knaben von Grund auf: Ihn befällt Kinderlähmung, die zu einseitiger Schwächung der Gliedmaßen und zur Hemmung beim Sprechen führt. 1911 stirbt der Vater. Ein Jahr später zieht die Familie nach München: Die Mutter möchte beide Söhne in Bayerns Metropole studieren lassen.

An der Ludwig-Maximilian-Universität widmete sich Kurt Huber seinen Studien im Hauptfach Musikwissenschaften, daneben den Nebenfächern systematische Philosophie und Physik. Wie sehr er das Nebenfach Physik betrieb, bezeugt der Umstand, daß kein Geringerer als Wilhelm *Conrad Röntgen* (1845 bis 1923) ihm vorschlug, sich ganz der Physik zuzuwenden.

1917 promovierte der Vierundzwanzigjährige bei *Theodor Kroyer* (1873 bis 1945) in Musikwissenschaft mit summa cum laude zum Thema „Ivo de Vento. Ein Beitrag zur Musikgeschichte des 16. Jahrhunderts" (Ivo de Vento: 1575 verstorbener Organist und Komponist in der Hofkapelle unter *Orlando di Lasso* (1532 bis 1594)). Sein Doktorvater über ihn: „Eine Dissertation hat er gemacht, staunenswert. Da sind wir ja nur die Kärner, die dem jungen Manne das Material liefern." Der Doktorand hat in dieser ersten großen Arbeit Methoden und stilkundliche Betrachtungsweisen gefunden, die für die musikwissenschaftliche Forschung große Bedeutung gewinnen sollten.

Bemühungen um eine Habilitation an der Münchner Universität schlugen fehl. Darum studierte er im Wintersemester 1919/20 an der Universität Berlin bei *Carl Stumpf* (1848 bis 1936) und wurde 1920 Assistent am Psychologischen Seminar bei *Erich Becher* (1882 bis 1929), bei dem er sich

Philosophie und Psychologie zum Thema „Der Ausdruck musikalischer Elementarmotive. Eine experimental-psychologische Untersuchung“ habilitierte. Der Musikwissenschaftler *Otto Ursprung* (1879 bis 1960) sagte, daß Huber doch immer wieder auf Musik und Musikwissenschaften, von denen seine wissenschaftliche Forschungs- und Lehrtätigkeit ausgegangen war, zurückgekommen ist.

Nunmehr war der Weg für die Lehrerlaubnis an der Münchner Universität frei: Mit kultusministerieller Entschließung vom 12. Juli 1921 wurde er als Privatdozent für Philosophie in die Philosophische Fakultät aufgenommen.

Ein Jahr vor seiner Ernennung zum außerordentlichen Professor mit Lehrauftrag am 14. Oktober 1926 begann Kurt Huber mit der Tätigkeit, die ihn als Universalgelehrten berühmt werden ließ: mit der systematischen Erforschung und Pflege des Volkslieds.

Karl Alexander von Müller (1882 bis 1964), damals Ordinarius für bayerische Geschichte und Präsident der Akademie der Wissenschaften, schrieb dazu [1]:

„Es war kein Zufall, daß die Volksliedforschung mehr und mehr in die Mitte seiner Arbeit rückte. Denn für sie muß man freilich vor allem andern Musiker sein – aber zugleich Psychologe, Soziologe, Historiker, Literaturkundiger und Philosoph. Sie lag sozusagen in einem Schnittpunkt seiner überreichen Begabungen. Alles in ihm stieg auf aus einer gemeinsamen Tiefe und mündete wieder darein. Nichts war nur angedacht oder blieb an der Oberfläche. Logische Strenge, analytische Vertiefung, Konzentration auch des Ausdrucks, war das erste, was er überall verlangte …“

Huber sah in der Pflege des Volksliedes eine der großen Kulturaufgaben. In Anlehnung an *Johann Gottfried von Herder* (1744 bis 1803) war für ihn Volkslied eigenschöpferische Leistung des Volkes und Ausdruck der Volksseele. Sein Credo [2]:

„… Ist das Kunstlied individuell bewußte künstlerische Schöpfung, so bedeutet Volkslied: Eigenarbeit des Volkes; das Volk als Künstler, das Volk im Künstler, das Volk gegenüber dem Künstler schafft sich die ihm eigenen Formen, dem ihm gemäßen seelisch-geistigen Ausdruck, dessen einheitliche Bindung allein ‚Volkslied‘ heißen kann. Volkslied ist nicht nur Lied, das im Volke gesungen wird und in aller Munde ist; der miserabelste Schlager, der ödeste Gassenhauer ist gewiß in aller Munde, und manches wertvolle Kunstlied, das Eigentum der Nation im besten Sinne heißt, ist dadurch mit nichten zum Volkslied geworden. Nicht die Lieder, die im Volke leben, sondern die in ihm ein Eigenleben leben, sind Volkslieder, und sind dies streng genommen nur so lange, als sie jenes Eigenleben leben. Volkslied in solch erhöhtem Sinn ist ‚Volkes Lied‘, da Volkes Schöpfung … Nun ist nicht in allem, was Volkslied heißt, der schlichte ‚Mann aus dem Volke‘ der ursprüngliche schöpferische. Zumal nicht immer im geistlichen Lied. Unser

‚Stille Nacht, heilige Nacht', in dem sich Lehrer und Pfarrer, also Vertreter einer höheren Volksschicht zu wunderbarer Einheit des Dichterkomponisten verschmolzen, ist ein Beispiel für viele . . . Diese Lieder wären durch die Übernahme in weiteste Volkskreise nicht Volkslieder geworden, wäre nicht das Volk im Künstler schöpferisch wirksam gewesen. Nicht die Änderungen, die das singende Volk auch an einem ‚Stille Nacht', an Schuberts ‚Am Brunnen vor dem Tore' selbstherrlich vornimmt, macht beide zu Volksliedern, sondern der Geist, aus dem sie ursprünglich geboren sind, ein Volkstum ganz bestimmter Sphäre, aus dem als lebendig inspirierendem Quell der Künstler schuf. Das Volk vollendete nur selbstschöpferisch, was der einzelne aus seinem Geiste heraus begonnen. Das ist die Schöpfertat des Volkes gegenüber dem Künstler, den es als seinesgleichen ansieht, dessen Werk es ganz als sein Werk behandelt ..."

Im Jahre 1925 begann Kurt Huber im Auftrag der Deutschen Akademie mit seinen Volksliedsammelfahrten, die ihn in die Gegend von Schliersee-Bayrischzell und ein Jahr später in die Gegend von Mittenwald führten, angeregt von Carl Stumpf, dem Mitbegründer des „Phonographischen Archivs zur Sammlung von Klangdokumenten." Ziel war die Aufnahme des lebendigen deutschen Volksliedgutes. Der Archivleiter, *Erich Moritz von Hornbostel* (1877 bis 1935) stellte Huber einen Aufnahmeapparat und Wachswalzen zur Verfügung. In der Zeit von 1925 bis 1931 entstanden 126 Wachswalzenaufnahmen. Später gab er diese Aufnahmemethode auf und schnitt sich seine Schallplatten nach dem Dralaton-Verfahren selbst. Seine Aufnahmen von damals befinden sich noch heute zum größten Teil an der Stelle für Bayerische Volksmusikforschung des Instituts für Volkskunde in München.

Auf seiner ersten Sammelfahrt kam es dann zu jener folgenreichen Begegnung mit *Paul Kiem* (1882 bis 1960), im Volksmund Kiem Pauli genannt. Huber schreibt [2]:

„Im Zuge meiner Sammeltätigkeit traf ich anfangs September 1925 in Josefstal erstmals mit Kiem Pauli zusammen, der eben im Begriffe war, im Auftrag des Erbprinzen Albrecht von Bayern und des Herzogs Ludwig Wilhelm von Bayern Volkslieder in Oberbayern zum Zwecke der Wiederbelebung des echten Volksliedes zu sammeln. Schon bei dieser ersten Begegnung verstanden wir uns in unserer Gesamtauffassung lebendiger Volksliedsammlung so restlos, dass wir beschlossen, die Sammlungen in Altbaiern gemeinsam durchzuführen, um jede Doppelarbeit zu vermeiden. Dabei sollte Kiem Pauli das Hauptgewicht seiner Tätigkeit auf die praktische Seite der Wiederbelebung des Lieds in der bäuerlichen Bevölkerung, ich auf die wissenschaftliche Seite der Sammlung legen ..."

Folgende liebenswürdige Begegnung mit zwei Pflanzensetzerinnen aus Tirol sei mit den Worten Kiem Paulis wiedergegeben [3]:

„… Als wir aufstanden, begrüßte uns ein herrlicher Morgen, und nach dem Frühstück, das ich für alle bereitet hatte, nahmen wir Abschied, der mir immer unvergeßlich bleiben wird! Professor Kurt Huber und ich mochten ungefähr hundert Meter gegangen sein, als uns die Diandln einen Jodler nachsangen. Professor Huber sagte: ‚Pauli, schnell etwas Papier!', und dann schrieb er denselben in Generalbaßschrift nieder, dabei liefen ihm die Tränen über das Gesicht vor Rührung; von den Bergen warf das Echo die Akkorde zurück, und es war, als wenn die ganze Natur mitsingen würde. In solchen Momenten wird einem unterm Brustfleck warm, und mit Worten läßt sich sowas nicht ausdrücken. Als wir weiterwanderten, wurden uns noch die herrlichsten Juchezer nachgesandt, die alle vom Huberl festgehalten wurden; dann wurde es schön langsam still, und zwei selige Menschen gingen schweigend nebeneinander durchs Tal …"

Handschriftliche Aufzeichnung eines Liedes

Die nebenstehende Abbildung zeigt eine handschriftliche Aufzeichnung eines Lieds von Kurt Huber aus dem Jahre 1926.

Ab 1930 änderte Huber von Grund auf seine Sammelmethode. Mit dem Preissingen in Egern am Tegernsee [4] begann ein neuer Abschnitt in der Sammlung und Aufzeichnung von Volksliedern: Vom „Sammeln im Feld" ging er zu Aufnahmen bei Preis-, Wett- und Heimatsingen über und stützte sich auf Materialeinsendungen von Gewährsleuten. Davon versprach er sich eine Reihe von Vorteilen:

Bei den genannten Singen wurden Lieder nach Vorauswahl gesungen; die Aufnahmen wurden mit Rundfunkmikrophonen durchgeführt, wodurch die Sänger sich weniger gestört fühlten als bei der Anwendung der phonographischen Methode; „unechte Lieder" wurden wieder ausgeschieden; regional sammelten sogenannte Gewährsleute, pflegten Kontakt zu den Sängern und bereiteten zentrale Aufnahmen vor.

Nicht verschwiegen werden soll, daß es auch kritische Stimmen zur neuen Sammelmethode gab. Der Volkliedforscher John Meier (1864 bis

1953) meinte, daß „bei der wissenschaftlichen Forschung im Gegensatz zur pfleglichen Einstellung alles vorkommende Material heranzuziehen und wertvoll" sei, Schönes und Entstelltes [2].

Die Erfahrungen seiner Tätigkeit erweiterte *Kurt Huber* durch Volksliedstudien auf dem Balkan, in Südfrankreich und Spanien [5] und setzte sich wissenschaftlich mit Problemen der Musik-Ethnologie auseinander, so mit Gesängen aus Vorderindien, Birma und Japan sowie einer Koranlesung in Kairo.

Das Ergebnis seiner vielschichtigen Forscher- und Sammeltätigkeit schlug sich in Publikationen nieder. Sein musikwissenschaftliches Schrifttum war nicht sehr umfangreich, doch von bewundernswerter Prägnanz, stets bestechend in seiner logischen Konsequenz. In den schwersten Stunden seines Lebens – im Gefängnis auf seinen Tod wartend – arbeitete er an seiner hochbedeutenden Leibniz-Biograhphie; Vollendung und Krönung dieses Werkes waren Kurt Huber, der nach Schischkoff „in sich selbst den Funken zum universellen Denker trug", versagt geblieben. Ab 1938 erhielt er Publikationsverbot.

Im Zusammenhang mit seinen Volksliedarbeiten in seiner bayerischen Wahlheimat entstanden drei Liederbücher: 1930 erschienen beim Verlag Knorr & Hirth die „Oberbayerischen Volkslieder mit Bildern und Weisen" (32 Lieder mit ihren Singweisen), gemeinsam publiziert von Kurt Huber und Kiem Pauli. Die gleichen Autoren veröffentlichten 1936 beim Verlag Schott's Söhne ein Heftchen mit 77 Weisen unter dem Titel „Altbayerisches Liederbuch für Jung und Alt". Die Hoffnungen auf Erscheinen eines „Niederbayerischen Liederbuches" zu Lebzeiten Hubers zerstörten die Zensur des Dritten Reiches sowie Krieg und Bomben auf die Stadt des Schott-Verlages/Mainz; die Witwe *Carla Huber* und *Ludwig Simbeck* gaben das Liederbuch postum 1952 heraus.

Am 3. Juni 1942 findet das erste Zusammentreffen mit den Geschwistern Scholl statt; im Dezember des gleichen Jahres erfährt Kurt Huber, wer die Verfasser der Flugblätter der „Weißen Rose" sind.

Die Ereignisse von Stalingrad lösen in Studentkreisen der Ludwig-Maximilians-Universität Unruhen aus. Am 18. Februar 1943 flattern Flugblätter aus der Hand der Geschwister Scholl in den Lichthof der Universität, verfaßt von Kurt Huber. Das Flugblatt enthält als Kernaussage die Worte [1]:

„... Es gibt für uns nur eine Parole: Kampf gegen die Partei! Auf uns sieht das deutsche Volk! Es erwartet die Brechung des nationalsozialistischen Terrors aus der Macht des Geistes ... die Toten von Stalingrad beschwören uns ..."

Am 22. Februar werden Hans und Sophie Scholl zusammen mit ihrem Gesinnungsfreund *Christian Probst* vormittags zum Tode verurteilt und nachmittags hingerichtet. Fünf Tage später wird Kurt Huber verhaftet und steht zusammen mit 24 Angeklagten am 19. April 1943 vor dem Volksgerichtshof unter dem Vorsitz des berüchtigten *Roland Freisler* und wird am gleichen Tag zum Tode verurteilt …

Kurt Hubers Widerstand „wuchs mit der Erkenntnis um die Greueltaten der SS im Osten, die ihn durch die Berichte seiner Studenten erreichten.

Entscheidender Anstoß für seine eigene aktive Teilnahme waren die Ereignisse bei der Studentenversammlung im Kongreßsaal des Deutschen Museums am 13. Januar 1943“ [2].

Nikolaus Lobkowicz sprach anläßlich einer Gedenkfeier 1980 die bewegenden Worte [6]:

> *„Warum wir ihn ehren, ist die Art und Weise, wie er sich in den Wochen bis zu seiner Hinrichtung verhielt, mit welchem Geist er in den Tod ging. Denn erst dieses Verhalten gibt seiner spontanen Haltung ihren eigentlichen Sinn: … den bedingungslosen Gehorsam gegenüber einer unbedingten Forderung des Gewissens.“*

Der große freie Platz vor der Ludwig-Maximilians-Universität in München trägt die Namen der Geschwister Scholl und Kurt Hubers, Zeugen der Forderung nach Freiheit in dunkler Zeit.

Keramikplatten mit darauf abgebildeten Dokumenten, eingelassen auf dem Geschwister-Scholl-Platz in München

Carl Orff (1895 bis 1982) schrieb unter die Partitur seiner „Bernauerin“ in Erinnerung an seinen toten Freund die Worte [7]:

In memoriam Kurt Huber – Carl Orff (vgl. nebenstehende Abb.)

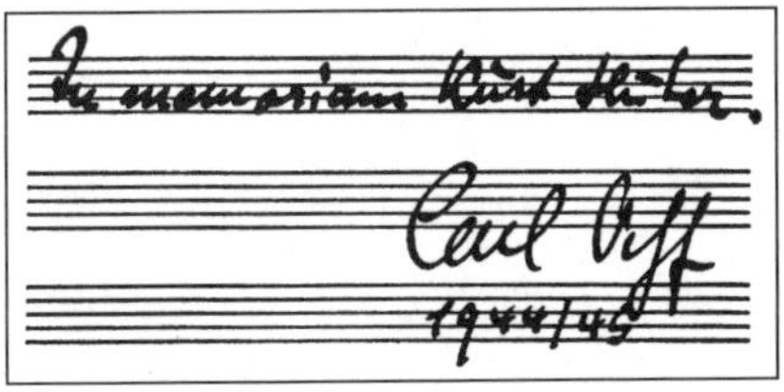

Literatur:

{1} *Feldhütter, W.: „Das Volkslied als Auftrag und Bekenntnis - Zum 90. Geburtstag Kurt Hubers am 24. Oktober." Sänger- und Musikantenzeitung. 26. Jg. (1983), Nr. 5. S. 285-292.*

{2} *Bruckbauer, M.: „. . . und sei es gegen eine Welt von Feinden!" - Kurt Hubers Volksliedsammlung und -pflege in Bayern. Bayerische Schriften zu Volkskunde, Bd. 2. ISBN 3-7696-0452-0. München 1991.*

{3} *Kiem,P.: „Auf Volksliedfahrt." In: Cl. Huber: Kurt Huber zum Gedächtnis. Verlag Josef Habbel. Regensburg 1947.*

{4} *Eibl, S.: Oberbayerisches Preissingen 29. und 30. März in Egern a. Tegernsee - Eine Dokumentation. Verlag Rosenheimer. Rosenheim 1980.*

{5} *Haase, H.: Kurt Huber. Musik in Geschichte und Gegenwart, Bd. 6. Sp. 811-814.*

{6} *Lobkowicz, N.: „Ansprache des Präsidenten der Universität München anläßlich der Gedenkfeier für Kurt Huber am 27. Oktober 1980." Ruperto Carola. 33. Jg. (1981), Heft 65/66. S. 24-26.*

{7} *Baum, F.: Carl Orff - Komponist und Musikpädagoge. DER CHOR. 45. Jg. (1992), Nr. 4. S. 82-84.*

Anton Günther

Liederdichter des Erzgebirges

De Sonn steigt hintern Wald drübn nei,
besaamt de Wolken rut,
e jeder legt sei Werkzeig hi
on schwenkt zen Gruß senn Hut.

On übern Wald e Vögele
fliegt nooch seen Nastel zu,
ve Dörfel drübn e Glöckel klingt,
dos maant: Legt eich ze Ruh!

Do zieht's wie Frieden dorch der Brust,
es klingt als wie e Lied,
aus längst vergangine Zeiten rauscht's
gar haamlich dorch's Gemüt.

Gar manichs Herz hot ausgeschlogn,
vorbei is Sorg on Müh,
on übern Wald ganz sachte zieht
e Rauschen drüber hi.

Refrain
's is Feierobnd, 's is Feierobnd.
Es Togwerk is vollbracht,
's gieht alles seiner Haamit zu,
ganz sachte schleicht de Nacht.

Wer schrieb dieses wundervolle Lied, das überall in Ost und West unse res Landes gesungen wird – wenn auch meist nicht in der hier wiedergege benen Mundart? Als Antwort erfolgt fast stets ein Achselzucken.

Anton Günther wurde als sudetendeutscher Erzgebirger am 5. Jun 1876 im tausend Meter hoch gelegenen Gottesgab geboren, einer Berg mannssiedlung zu Füßen der beiden Erzgebirgsgipfel Keilberg und Fich telberg und eingebettet inmitten der weiten freien Kammlandschaft mi ihren einsamen Torfheiden und ihren duftigen Bergwiesen.

In Armut wuchs er auf, stets verbunden mit der Natur. Er hütete Zie gen, sammelte Reisig, Beeren und Pilze. Etwas älter geworden, wanderte er täglich durch den dunklen Wald hinab nach Joachimstal zum Besuch der dortigen Bürgerschule.

Der Vater – von Beruf Bergmann, dann Sticker und Zeichner – brachte seinen Sohn, der sich schon immer als guter Zeichner hervortat, in die Lehre eines Lithographen in Buchholz. Nach Lehrabschluß 1895 nahm Anton Günther eine Stelle in Prag an. Dort brachte er 1896 sein erstes Mundartlied zu Papier. Es war mit einfachen Mitteln geformt, ohne große

Geste in Gehalt und Gestalt, aber von Herzen kommend und zu Herzen gehend, so wie alle seine künftigen Schöpfungen auch.

1901 traf er eine wichtige Entscheidung: Er schlug eine aussichtsreiche Stelle in Dänemark aus, gab seinen Beruf auf und kehrte in seine Heimat zurück. Er gehorchte dem inneren Gesetz, nach welchem er angetreten war.

Von nun an entstanden in Folge seine Lieder und Sprüche, seine Gedichte und Geschichten. Mit dem ersten bedeutenden erzgebirgischen Mundartdichter Christian Gottlob Wild (1785 bis 1839; Lied vom „Vugelbeerbaam") verband Anton Günther ein ausgesprochener Drang zum Gesang, nicht zum Gedicht allein.

1903 entstand sein wohl schönstes Lied „Feierobnd", 1905 sein nicht minder bekanntes Lied „Wu de Wälder haamlich rauschen" (Abb. unten).

In der Jackentasche seines schlichten Lodenanzugs trug er Block und Bleistift, stets bereit, Gedanken festzuhalten, die er dann zu Hause formte. Er fertigte aber auch Skizzen. Beides verband er miteinander und schuf seine berühmten Liedpostkarten, auf denen er Melodie und Text eines Liedes mit Bildskizze schmückte. Sie stellen noch heute – insbesondere, wenn sie den Namenszug Anton Günthers tragen – wertvolle Sammlerobjekte dar.

Anton Günther Ruf drang weit ins Land hinaus. Er zog durch nahezu alle erzgebirgischen Ortschaften und sang seine Lieder zur Gitarre. Man nannte ihn schließlich den „Meistersinger des Erzgebirges".

Wo immer Erzgebirger sich zusammenfinden, zu Gesangsgruppen und Laienchören, ist Anton Günther mit seinen Liedern mitten unter ihnen.

Dort, wo der Künder seiner Heimat das Licht der Welt erblickte, vollendete er seinen Lebenslauf. Am 29. April 1937 setzte Anton Günther freiwillig seinem Tagewerk ein Ende. Die seelische Not, die auf ihm lastete, war untragbar geworden. Das ganze Erzgebirge stand in Trauer, und Tausende betteten ihn unter den wundersamen Klängen seines Feierabendliedes in die mütterliche Erde der stillen Kammlandschaft.

Am 30. September 1936, ein halbes Jahr vor seinem Tod, bin ich Anton Günther in Oberwiesental begegnet. Er zog Block und Bleistift aus seiner Tasche und brachte einen Vierzeiler zu Papier, der sein ganzes Wesen und sein Leben für seine Heimat widerspiegelt:

Aafach on racht,
gerod raus on net schlacht,
dr Hamit on en Volk trei,
esu wolln mr sei!

In tiefer Verehrung zu ihm habe ich diese Zeilen aufbewahrt und nehme sie oft zum Lesen zu Hand und zu Herzen.

Literatur:

- *Heilfurth, G.: Anton Günther, Glückauf-Verlag Schwarzenberg/Erzgebirge, 1937.*

Hans Sachs
und der Meistersang

Ich hatt von Lienhard Nunnenbecken
Erstlich der Kunst einen Anfang,
Wo ich im Lande hört Meistergsang,
Da lernet ich in schneller Eil,
Der Bar und Thon ein grossen Theil.
Und als ich meines Alters war,
Fast eben im zwanzigsten Jahr,
That ich mich erstlich unterstahn,
Mit Gottes Hülff zu dichten an,
Mein erst Bar im langen Marner,
Gloria Patri Lob und Ehr.

Hans Sachs {1}

Zu Anfang des 14. Jahrhunderts neigte sich der Minnesang [2] dem Ende zu. Kriegerische Zeiten ließen Kunst und Wissenschaft erlahmen. Die jungen Ritter, die bis dahin in Poesie und Musik gewetteifert hatten, zog es zu den Waffen. Im ganzen Land entbrannten Fehden, und nur hinter den Mauern der Städte, insbesondere in den Reichsstädten, fühlten sich die Menschen sicher und konnten Gewerbe sowie Künste blühen. Zünfte als Handwerkervereinigungen entstanden, die sich auch auf die freien Künste – Dichtkunst und Musik – ausweiteten.

Lauschten die ehrsamen Bürger an langen Winterabenden anfangs noch den poetischen Erzählungen und den Liedern der einstmaligen Minnesänger, so verspürten Talentierte allmählich das Verlangen, neben Schuhemachen, Zinngießen, Leinwandweben und anderen gewerblichen Tätigkeiten eigenständig zu dichten und zu singen. Dennoch sahen sie in den alten Minnesängern ihre Vorgänger und Zunftgenossen.

Nur so ist es erklärbar, daß die Meistersänger (oder Meistersinger), wie sie sich nunmehr nannten, ihren eigenen Ursprung auf einen dubiosen Gründungsakt zurückführten: Kaiser Otto I. (936 bis 973) soll im Jahre 962 in Paris die zwölf „alten Meister" vor den Professoren der Universität disputieren haben lassen und daraufhin ihre Kunst „bestätigt" haben. Als Meister werden genannt (Reihenfolge nach *Adam Puschmann*, 1532 bis 1600):

„... die drei Adligen Walther von der Vogelweide, Wolfgang Rohn und Konrad Marner, die beiden (angeblichen) Theologiedoktoren Heinrich Frauenlob und Heinrich von Mügeln, die beiden „Meister" Klingsor und Starker Poppe, die drei Handwerker Bartel Regenbogen, Reinmar von Zwickau und der Kanzler, endlich die beiden Bürgerlichen Konrad von Würzburg und der alte Stolle". {3}

Viele Ungereimtheiten verbergen sich hinter diesem sogenannten Gründungsakt: Um 962 gab es nämlich noch keine Pariser Universität, und die zwölf aufgezählten Dichter lebten in sehr viel späteren, z.T. wieder sehr verschiedenen Zeiten. Richtig ist, daß die Meistersänger den Meistersang – wenn auch nicht dem Inhalt, so doch der Form und dem Vorbild nach – als direkte Fortsetzung des Minnesangs ansahen. Ihre eigene Kunst bezeichneten sie als „ars nova" im Gegensatz zu jener „ars antiqua".

Zum Zweck der Pflege des Meistersangs entstanden – vor allem im 15. und 16. Jahrhundert – in vielen deutschen Städten zunftmäßig geordnete bürgerliche Singschulen, in denen ein aufgenommener „Schüler" als neues Zunftmitglied zum „Schulfreund", „Sänger", „Dichter" und schließlich zum „Meister" aufsteigen konnte. „Dichter" war, wer ein neues Gedicht zu einer bereits bestehenden Melodie (Ton oder Weise) lieferte; der „Meister" besaß das Privileg, neue Melodien zu komponieren [4, 5]. *Heinrich Frauenlob* († 1318) gilt als Begründer der ältesten Singschule in Mainz, die um 1315 ihre Tore geöffnet haben soll. Der Schwerpunkt der Gründung von Singschulen lag in Süddeutschland, vornehmlich in süddeutschen Reichsstädten (z.B. Schlettstadt, Colmar, Freiburg im Breisgau, Worms, Augsburg und letztlich in Nürnberg, wo die Künstler *Lienhard Nunnenbeck*, *Hans Volz*, *Hans Vogel* und – *Hans Sachs* wirkten. Die Singschulen breiteten sich aber auch nach Westen (Straßburg) und Osten (Ostpreußen, Schlesien – Görlitz, Breslau – und Mähren – Iglau) aus. Im späten 16. Jahrhundert verfiel der Meistersang; seine letzten Spuren finden sich (in Ulm[1] und Memmingen) noch im 19. Jahrhundert, wo die Tradition durch den Liederkranz übernommen wurde.

Im Laufe der Zeit leiteten die Zunftmitglieder aus ihren entstandenen Gedichten Regeln ab, die zu unverbrüchlichen Innungsartikeln erhoben wurden. Man nannte sie Tabulatur. *Gustav Schilling* (1805 bis 1881) schreibt in seiner „Encyclopädie der gesammelten musikalischen Wissenschaften" von 1840 [6]:

> *„Nach dieser bestand jedes Lied (Bar) aus mehreren Abtheilungen von beliebiger Anzahl (Gesätze); jedes Gesätz aber aus 2 Stollen (Strophe und Antistrophe), die nach derselben Melodie gesungen wurden; nach jedem Gesätz folgte ein Abgesang von anderm Versmaaße und neuer Melodie; den Beschluß machte jedesmal wieder ein einzelner Stoll, nach der Melodie des letzten Gesätzes …*
> *Jedes Lied der Meistersänger übrigens war auf Singen berechnet: wer ein neues Versmaaß erfand, erdachte zugleich auch eine neue Melodie, und Beides ward unter dem Namen der Weise oder des Tons begriffen."*

Der Stoffkreis des Meistersangs war vorwiegend geistlichen Inhalts mit dem Vorrang der Bibel; daneben gab es politische und historische Lieder,

Schul-, Straf- und Wettkampflieder sowie oft derb-drastische Buhl- und Schwanklieder.

Der Ablauf des Singens selbst unterstand einem strengen Reglement:

- Die Singschulen fanden an Sonntagnachmittagen entweder in der Kirche oder der Zunftstube statt. Die Zulassung der Öffentlichkeit wurde durch einen „Umsager" oder durch gedruckte Einladung in Form eines Anschlagzettels angekündigt.
- Der Sänger betrat den „Singstul". Ehrerbietig hielt er beim Vortrag seines – stets solistischen und von keinem Instrument begleiteten – Liedes seinen Hut in den Händen. Vor ihm saßen in einem durch Vorhänge verschlossenen „Gemerk" vier Merker, die das Singen zu beurteilen hatten. Sie achteten auf die Reinheit des Bibeltextes, das Befolgen der Tabulatur, die Wahl der Reime und der metrisch-musikalischen Strophenfolge (Ton oder Weise) [4, 7]. *Johann Nikolaus Forkel* (1749 bis 1818) berichtete in seiner „Allgemeinen Geschichte der Musik" von 1801 [1]:

Der Sänger singt ins Gemerk (um 1600); an der Wand die Davidskette (1. Preis) und Blumenkranz (2.Preis)

„Eben so hatten sie ihre Fehler, die kein Meistersänger begehen durfte, ohne dafür gestraft zu werden, worunter auch einige vorkommen, die das Singen insbesondere betreffen. So ist z.B. Stutzen oder Zucken ein Singfehler. Wer gar nicht wieder in die Melodie kommen kann, hat sich versungen. Uebrige Singfehler sind: 1) zu hoch oder zu niedrig singen, welches von einigen mundiren genannt wurde. 2) Singen und Reden, das heißt, wenn zwischen einem Gesang, ehe er völlig geendigt ist, geredet wird. 3) Veränderung der Töne, oder wenn man eine Melodie an einigen Stellen anders singt, als sie ihr Meister gesungen hat. 4) Falsche Melodie, oder ganz unrechte Melodie singen. 5) Falsche Blumen oder Coloraturen, wodurch eine Melodie angegriffen oder unkenntlich gemacht wird. 6) Auswechslung der Lieder. 7) Vor- und Nachklang. Vorklang wird genannt, wenn jemand im Anfang eines Liedes mit bedecktem Mund einen Klang oder Ton von sich giebt, ehe das Wort hebt; Nachklang aber, wenn nach Endigung des letzten Wortes noch ein Ton zu hören ist. 8) Irren oder irre werden. Alle Meistergesänge wurden auswendig, niemals aus dem Buche gesungen. Das irre Werden war also leicht möglich; dennoch hatte einer, der irre wurde, gar verloren."

- Wer am fehlerfreiesten gesungen hatte („Übersinger"), erhielt – auf begrenzte Zeit – das Schulkleinod in Gestalt einer Krone oder einer Kette mit dem Bild König Davids[2] und wurde mit „Kron- oder Davidsgewinner" tituliert. Dies gab ihm das Recht, sowohl Lehrlinge in der Meistersängerkunst zu lehren als auch das nächste Mal im Gemerk als Merker zu sitzen. Der zweitbeste Sänger bekam als Auszeichnung einen Kranz aus seidenen Blumen.

Hans Sachs [8, 9], der wohl berühmteste Meistersänger dieser damaligen Zeit, wurde vor 500 Jahren am 5. November 1494 als Sohn eines Schneiders in der reichsfreien Stadt Nürnberg geboren. Von 1501 ab besuchte er in seiner Vaterstadt die Lateinschule und wählte 1508 als Beruf das Schusterhandwerk. Nach zwei Lehrjahren ging er 1510 auf die Wanderschaft, die ihn durch fast ganz Deutschland und Teile von Österreich führte. Bei einem Zwischenaufenthalt in Nürnberg studierte er 1513 bei Lienhard Nunnenbeck den Meistersang. Auf seinen weiteren Wanderungen ergänzte er ständig seine immer umfangreicher werdende Liedersammlung und lernte dabei zahlreiche Texte und Melodien auswendig. 1515 kehrte er endgültig nach Nürnberg zurück und erhielt 1520 den Meisterbrief.

Hans Sachs gehörte zu den angesehensten Mitgliedern der Meistersängerzunft. Von 1551 bis 1560 war er Spielleiter der Meistersängerbühne und von 1555 bis 1561 Merker in der Singschule. Sein Werk umfaßt 1983 geistliche Lieder in Meistertönen, 2314 weltliche Meisterlieder und 1903 Spruchgedichte. Seinen Meisterliedern, die alle vor 1567 entstanden sind, liegen insgesamt 301 Töne zugrunde, von denen er 13 selbst erfunden hat; 10 dieser neuen Töne sind in seinen handschriftlich zusammengestellten Büchern seiner Meisterlieder überliefert. Seine Handschriften befinden sich vorwiegend in der Stadtbibliothek in Nürnberg, einige aber auch in der Zwickauer Ratsbibliothek.

„Klingender Ton" von Hans Sachs aus dem Jahre 1532

Schilling schreibt über Hans Sachs' Stil:

„Ist die Sprache darin auch etwas rauh und ohne allen poetischen Schmuck, so athmet sie doch eine ergreifende Naivität und reiche Gemüthlichkeit."

Sachs faßte an der Wende des Meistersangs noch einmal die melodische und formale Gestaltungskraft dieser Kunst in einem Höhepunkt zusammen. Er war ein begeisterter Anhänger Martin Luthers, wie sein Gedicht „Die Wittenbergisch Nachtigall" und seine geistlichen Lieder aus dem Jahre 1526 bezeugen.

Am 19. Januar 1576 ist Hans Sachs im Alter von 81 Jahren in Nürnberg gestorben. Er fand auf dem *Johannis*-Friedhof seine letzte Ruhestätte, wo auch weitere berühmte Söhne der Stadt, wie der Maler Albrecht Dürer, der Bildhauer Veit Stoß und viele andere Persönlichkeiten, begraben liegen.

Richard Wagner (1813 bis 1883) hat den Meistersängern und insbesondere Hans Sachs in seiner komischen Oper in drei Aufzügen „Die Meistersinger von Nürnberg" ein bleibendes Denkmal gesetzt [10]. Im Sommer 1845 bei einem Kuraufenthalt Wagners in Marienbad geplant[3], wurde sie am 21. Juni 1868 – dem „*Johannis*tag", dem Feiertag der Zünfte im alten Nürnberg und Namenstag Hans Sachs' – im Königlichen Hof- und Nationaltheater in München uraufgeführt. Im 3. Aufzug, dem Höhepunkt der Oper, hört Hans Sachs seinen eigenen Choral „Wach' auf, es nahet gen den Tag ...", den die am *Johannis*tag auf der Festwiese versammelte Menge ihm zur Huldigung aus hundert Kehlen anstimmt. (Es sind die Worte, die Sachs einst gedichtet hat und die Wagner so vertonte, daß der Choral feierlich und innig in der Art alter Hymnen klingen sollte.)

Kurt Pahlen (*1907) schrieb über die denkwürdige Uraufführung [10]:

„Am 21. Juni 1868 füllt ein festliches Publikum die Münchner Hofoper. Knapp vor Beginn der Vorstellung betrat König Ludwig seine Loge. Wagner weilt, von engsten Freunden umgeben, in der seinen.. Die strahlenden Akkorde des Vorspiels fluten unter Hans von Bülows[4] glänzender Leitung in den Saal, alle sind aufs höchste gespannt. Da erkennt der König: Unmöglich kann er der Aufführung

***Bayreuther Festspiele** 1987*
Die Meistersinger von Nürnberg, 3. Aufzug, 5. Szene: Festwies[e] Choral: „Wach's auf, es nahet gen den Tag ..." In der Mitte: Bern[d] Weikl als Hans Sachs

getrennt vom geliebten Freunde beiwohnen. Er läßt ihn zu sich bitten. Man sieht Wagner seine Loge verlassen und ein wenig später an des Königs Seite in der Hofloge auftauchen. Und als nach dem zweiten Akt stürmischer Beifall aufbraust, erteilt Ludwig ‚seinem' Komponisten mit einem freundlichen Zeichen die aller Etikette, aller Tradition zuwiderlaufende Erlaubnis, sich zu erheben und an der Brüstung die Huldigungen entgegenzunehmen. Das Erstaunen des Publikums über diese so völlig ungewohnte, nie dagewesene Handlung wandelt sich in Jubel … Der Abend gestaltet sich, nach der Apotheose Hans Sachsens auf der Bühne, zur Glorie Richard Wagners, der sich – einen Schritt vor dem glücklich lächelnden König in seinem Prunksessel – an der Logenbrüstung immer wieder verneigen muß."

Der spätere Leiter des Hauses Schott, *Ludwig Strecker* (1853 bis 1943), stellte fest:

„Mit dem Erfolg der ‚Meistersinger' begann der eigentliche Durchbruch Richard Wagners in das Bewußtsein der deutschen musikalischen Öffentlichkeit."

Anmerkungen:

1 Die letzten vier Meistersänger in der Stadt an der Donau vermachten durch Schenkungsurkunde vom 21. Oktober 1839 die berühmte Meistersängerkette von 1572 (Silber, Anhänger vergoldet; heute im Städtischen Museum in Ulm) dem Ulmer Männergesangverein „Liederkranz".

2 Der biblische König David galt als Schutzpatron der Meistersängerzünfte.

3 Als Quellenmaterial dienten Wagner die Aufzeichnungen von Johann Christoph Wagenseil (1633 bis 1708) [11].

4 Hans Guido Freiherr von Bülow (1830 bis 1894), in München 1867/68 als Hofkapellmeister und Direktor der Königlichen Musikschule tätig.

Literatur:

[1] Forkel, J.N.: Allgemeine Geschichte der Musik. Bd. 2. Leipzig 1801. Neuauflage Akademische Druck- und Verlagsanstalt, Graz 1967.

[2] Baum, F.: Walther von der Vogelweide. Troubadours, Minne- und Meistersänger. Der Chor, 46. Jg. (1993), Nr. 5, S. 114/115.

[3] Husmann, H.: Meistergesang. Die Musik in Geschichte und Gegenwart. Bd. 8, Sp. 1914/ 1920. dtv/Bärenreiter, München/Kassel 1989.

[4] Riemann: Musiklexikon. Piper/Schott, München/Mainz 1989.

[5] Lloyd, N.: Großes Lexikon der Musik. Orbis, München 1992.

[6] Schilling, G.: Meistersänger. Encyclopädie der gesammelten musikalischen Wissenschaften oder Universal-Lexicon der Tonkunst. F.H. Köhler, Stuttgart 1840.

{7} *Salmen, W.: Musikleben im 16. Jahrhundert. Musikgeschichte in Bildern. VEB deutscher Verlag für Musik, Leipzig 1976.*

{8} *Baumgartner, A.: Alte Musik. Der große Musikführer. Kiesel, Salzburg 1981.*

{9} *Husmann, H.: Sachs, Hans. Die Musik in Geschichte und Gegenwart. Bd. 11, Sp. 1231/ 1233. dtv/Bärenreiter, München/Kassel 1989.*

{10} *Pahlen, K.: Richard Wagner. Die Meistersinger von Nürnberg. Reihe Opern der Welt. Goldmann/Schott, München 1983.*

{11} *Wagenseil, J.Chr.: De ... Civitate Noribergensi. Berichte von der Meistersingerkunst. S.451/576. Altdorf 1697.*

Kiem Pauli

Bewahrer alpenländischen Liedgutes

Als mich in den sechziger Jahren erstmalig mein Weg ins Stockboier Tal zum Weißensee in Kärnten führte, hörte ich in meiner Unterkunft Großvater Friedrich Lieder singen. Mit seinen knöchrigen Fingern spielte er die Zither und ließ alte Fuhrmanns- und Holzfällerlieder aus den Bergen erklingen, die anheimelnd und doch seltsam klangen, als stammten sie aus einer anderen, vergangenen Welt, widerspiegelnd harte Arbeit und Entbehrung. Und wäre nicht eines Tages der Österreichische Rundfunk gekommen und hätte diese Lieder aufgenommen, so wären sie vermutlich mit dem Tode dieses alten Mannes verlorengegangen.

Die Österreicher waren die ersten, die ihren heimatlichen Volksliedern aus den Bergen nachgingen. Allen voran stand *Josef Pommer* (1845 bis 1918) aus der Steiermark, der zusammen mit *August Göllerich* (1859 bis 1923) 1899 die Zeitschrift „Das deutsche Volkslied" ins Leben rief. Unvergessen sind in diesem Zusammenhang stehenden Österreicher *Liebleitner*, *Kronfuß*, *Poeschl*, *Klier*, *Fraungruber* und *Mautner* – der das einmalige „Rasplwerk" schuf – sowie der Volkskundler *von Geramb* und der Mann des Volkstanzes, *Zoder*.

Herzog Albrecht von Bayern schrieb zur Situation im deutschen Raum: „Am Ende vom ersten Weltkrieg ist es um das Volkslied in unserem Land wie um verlöschende Kohlenfeuer gestanden, die da und dort unter der Asche gerade noch unbeachtet fortglimmen." Doch wer sollte die noch glimmende Glut wieder anfachen und vor dem Verlöschen retten?

Kein Geringerer als *Ludwig Thoma* (1867 bis 1921), Schöpfer urwüchsiger, satirischer Romane mit köstlich beißendem Humor, wurde letztendlich der Initiator. Er sprach jenen legendären Volksmusikanten Paul Kiem an, den sie später den Kiem Pauli nannten: „Pauli! Sie müssen unseren Volksliedern nachspüren, wie es die in Österreich mit den ihrigen taten!"

Wer war Kiem Pauli? Er wurde am 25. Oktober 1882 in München geboren. Eine Gedenktafel in der Corneliusstraße (Abb. 1) erinnert daran. Schon frühzeitig verdiente er seinen Lebensunterhalt selbst: Als Musikant wanderte der junge Pauli mit seinem Bruder Edi zu Fuß durch die oberbayerische Landschaft. Sie spielten sich durch die Wirtschaften bis nach Tirol hinein. Um 1900 bekam Kiem Pauli seine erste Anstellung als Gitarrenspieler und Sänger beim Tegernseer Bauerntheater. Einige Jahre später schloß er sich einer neugegründeten Theatergruppe an, die der bekannte Volksschauspieler *Dengg* (gest. 1914) zusammengestellt hatte, um Anzengruber, Thoma und Schönherr zu spielen.

Zunächst schrieb er alle Lieder auf, die er in seiner Umgebung hörte. Dann ist er mit seinem „zerlegbaren Zitherl im Rucksack" teils per Rad, teils zu Fuß in die entlegenen Dörfer gepilgert, auf einsame Höfe gestiegen, hat sich im Wirtshaus an den Ofentisch gesetzt, manche Zeche bezahlt und selber viel gesungen, bis er aus seinen Landsleuten das eine oder andere echte Volkslied herausgelockt hat: als ob er eine geheime Wünschelrute besessen hätte, die ihm landauf, landab alte echte Lieder und junge schöne Stimmen anzeigte. Seine verbindliche Art kam bei den ärmsten Leuten und größten Bauern gleichermaßen an. Der alte Stangl aus Holzkirchen sagte zu Kiem Pauli, nachdem er eine Viertelstunde in seinem Haus war: „Mir is grad, als tat i di scho jahrelang kenna!“ Wie oft hat er mit Bitternis erkennen müssen, wie wenig vorhanden war und wieviel verlorengegangen ist.

Liedaufzeichnung in der Handschrift des Kiem Pauli (Aus: Charivari, 11. Jg. 1985, Nr. 4, S. 36

Er trennte die Spreu vom Weizen und wurde zum glühenden Streiter für das Volkslied, für „das echte, das bodengewachsene Volkslied, das zum Menschen gehört wie die Welt, in der er lebt: die Berge oder die Heide, der Troadboden oder das Moor, der hohe Wald, die Düne, das Meer. Wort und Ton bezeugen diese Zusammengehörigkeit deutlich. Wenn wir die auf- und niedersteigenden Koloraturen eines alpenländischen Jodlers (Abb. re.) hören, dann steigen vor unserem Auge die jähen Gipfel unserer Berge auf, während ein Volkslied aus der Heide oder dem Marschland sanfter hingleitet und oft von leiser Schwermut überhaucht ist“.

Kiem Pauli markiert die Unterschiede zwischen Volkslied und volkstümlichem Lied nach seinem Verständnis deutlich: „Wir nennen darum diese wurzelechten Lieder Volkslieder im eigentlichen Sinne und möchten sie nicht mit allgemeinen deutschen Volksliedern verwechseln, die im Grunde volkstümliche Lieder sind. Es sind diese die schönen Lieder des gesamten deutschen Sprachgebiets, wie ‚Sah ein Knab ein Röslein stehn‘,

‚Am Brunnen vor dem Tore', ‚Im schönsten Wiesengrunde', und wie sie alle heißen. Wir kennen sie ja alle und haben sie oft ‚im Kreise der Lieben' gesungen. Feinsinnige Dichter und Komponisten haben sie verfaßt. Sie sind das ‚klingende Band', das alle deutschsprechenden Länder und Völker verbindet, sie werden in Wien nicht anders gesungen als in Luzern oder Bremen, und wer einmal in der Fremde einen getroffen hat, mit dem er ‚O Täler weit, o Höhen' singen konnte, der weiß, wie glücklich diese Lieder machen können. Es sind deutsche Lieder, im Volkston, volkstümliche Lieder. Echte Volkslieder dagegen wachsen frei heraus aus dem Volk. Man kennt weder Dichter noch Komponisten ..."

(Nicht gemeint hat Kiem Pauli auf jeden Fall jene Sorte von Liedgut, das durch Rundfunk, Fernsehen und auch durch die Schallplattenindustrie sich Volksmusik nennt, jedoch zum Edelkitsch verkommen ist.)

Nach dem ersten Weltkrieg traf er sich mit seinen Freunden *Hans Reiter* und *Karl Holl* am Tegernsee, um mit Schoßgeige, Zither und Gitarre Konzerte zu geben, die von Bauern, Handwerkern, Musikern, Kapellmeistern, Opernsängern, Schriftstellern und Professoren gern besucht wurden. Neben dem Schriftsteller Ludwig Thoma kamen der Schriftsteller *Ludwig Ganghofer*, Kammersänger *Leo Slezak* und viele andere Persönlichkeiten wie die Simplizissimus-Kollegen.

Im Berggasthof zum Scherrer am Tegernsee, den später der norwegische Maler *Olaf Gulbransson* erwarb, schlug für Kiem Pauli die Geburtsstunde für seine späteren Volksliedarbeiten. „Der Scherrerbauer und seine Bäurin sangen sehr gut und sehr gute Lieder." Er schrieb die Texte auf und lernte die Lieder, die er mit Freude sang und die ihn den Unterschied zwischen Kitsch und echter Volksmusik ahnen ließen.

Kiem Pauli erinnerte sich:

„Weihnachten 1919 kam nachmittags Thoma zu mir herunter. Ich wohnte damals am Schwaighof. Er sagte, ich solle zu ihm hinaufgehen. Wie so oft saß ich mit ihm ganz allein in seiner herrlichen Bauernstube beisammen. Er schrieb, und ich spielte auf der Gitarre ganz leise verschiedene Lieder. Gesprochen wurde wenig. Später tranken wir Kaffee, und um sieben Uhr abends kamen alle Angestellten zur Bescherung. Ich wollte mich verabschieden, aber der sagte: ‚Bleibns nur da! Für Eahna hats Christkindl aa was bracht!' Es war das Rasplwerk von Konrad Mautner. - Einige Wochen später gab er mir die Zeitschrift ‚Das deutsche Volkslied'. Ich schrieb sofort nach Wien an den Verlag der Zeitschrift, kaufte alle Jahrgänge von 1 bis 21, und nun hatte ich, was ein angehender Volksliedsammler an Aufklärung und Schulung brauchte. Die herrlichen Abhandlungen von Prof. Dr. Josef Pommer: ‚Wie sucht und findet man das Volkslied' . . . zeigten mir klar den Weg, den wir Oberbayern gehen mußten. Nun erlaubten es mir aber meine eigenen Mittel nicht, mich der Sache ganz zu widmen. Herumreisen und nur Geld ausgeben, das konnte ich mir nicht leisten. Thoma starb 1921. Wahrscheinlich wäre ich im Wollen

steckengeblieben, hätten sich nicht zwei Wittelsbacher meiner angenommen. Herzog Ludwig Wilhelm in Bayern und Erbprinz Albrecht von Bayern gaben mir Heimat in Bad Kreuth und die finanziellen Mittel, die mir ein freies, sorgenloses Schaffen ermöglichten."

Das meiste an Volksliedern floß Kiem Pauli zu, als er im Jahr 1930 zu einem Preissingen aufrief und Sänger und Lieder aus der Verborgenheit herausholte. Über 700 Leute sind dieser Aufforderung gefolgt. 120 Streiter wurden ausgewählt, die am 29. und 30. März 1930 in Egern am Tegernsee in 40 Gruppen sangen. Die jüngste Teilnehmerin zählte 12 Jahre, der älteste Solist war der 81jährige Plonner aus Schliersee. Einer der Preisrichter war Professer *Dr. Kurt Huber* (geb. 1893), mit dem Kiem Pauli seit 1925 befreundet war und der am 13. Juli 1943 als führendes Mitglied der Widerstandsbewegung „Weiße Rose" hingerichtet wurde. Es erklangen Liebes- und Naturlieder, Trutz- und Tratzverse, Wildschützen-, Bauern- und Handwerkslieder sowie Almlieder, kraftstrotzend und wieder von rührender Herzenszartheit, derb und wieder von inniger Frömmigkeit.

Im Jahre 1934 gab Kiem Pauli erstmals sein Buch „Alte oberbayerische Volkslieder" heraus. Bis zu seinem Lebensende am 10. September 1960 in Bad Kreuth hat er an die zehntausend Lieder und Liedvariationen gesammelt, von diesen aber lediglich etwa einhundertfünfzig herausgegeben; er wußte warum.

Kiem Paulis Grab auf dem Friedhof in Kreuth

Der Bürgermeister von Bad Kreuth erzählte mir, daß das Domizil, das die beiden Wittelsbacher Kiem Pauli zur Verfügung stellten, Flammen zum Opfer gefallen ist. Er wies mit den Weg zu Kiem Paulis Grab. Seine letzte Ruhe fand der Volksmusikant und Volksliedsammler hinter der gotischen Pfarrkirche St. Leonhard in Kreuth an der Friedhofsmauer. Sein Grab ist mit einem wundervollen Grabkreuz und stets reich mit Blumen geschmückt.

Eine Begegnung Kiem Paulis mit Sängern soll nicht unerwähnt bleiben: Als er auf einer seiner Volkslied-Sammelreisen nach Bergen am Chiemsee kam, um sich von der bei Familie Fanderl wohnenden alten Sennerin *Anna Hallweger* vorsingen zu lassen, rief diese in ihrer Verlegenheit zur Hausherrin hinauf: „Der Wasti soll kemma mit seiner Zither, da is a Narrischer da, der sammelt Liader!" Der „Narrische", Kiem Pauli, war zunächst weder von den Zitherkünsten des 12jährigen Wastl Fanderl angetan, noch später von dessen spontan veranstalteter Liedersammlung: 29 zerriß er, eines ließ er gelten. Der frühe Schock auf den Fanderl zeitigte Früchte. Am Ende einer langjährigen Zusammenarbeit stand Anerkennung und Freundschaft: Kiem Pauli ernannte 1960 zum 30. Jahrestag des Preissingens von Egern *Wastl Fanderl* zu seinem Nachfolger: „Wastl, ich übergebe dir das Erbe. Halte es hoch und heilig!"

Wastl Fanderl, geboren am 24. Juni 1915, starb, hoch geehrt, am 25. April 1991 in Prien und wurde in Frasdorf zu Grabe getragen. Im Februar 1992 wurde er posthum für seine Verdienste um das Volkslied mit der Verleihung des Tobi-Reiser-Preises geehrt.

Literatur:

- *Eibl, S.: Oberbayerisches Preissingen, 29. und 30 März in Egern a. Tegernsee, eine Dokumentation. Verlag Rosenheimer.*
- *Seibert, U.: Wann der Kiem Pauli z'gschert werd. Charivari, 5. Jg. (1979), Nr. 5, S. 12/16.*
- *Lampl, S.: Alle Erfindungen nützen nichts, wenn die Menschheit dabei das Herz verliert. Charivari, 6. Jg. (1980), Nr. 2, S. 3/8.*
- *Münster, R.: Volksmusik in Bayern. Charivari, 11. Jg. (1985), Nr. 4, S. 34/37.*
- *Kiem Pauli: Alte Oberbayerische Volkslieder. Verlag Georg D. W. Callweg, München 1980.*

Felix Mendelssohn-Bartholdy

und die Bedeutung seiner Werke in heutiger Zeit

Der Enkel des Berliner Philosophen und Lessingfreundes *Moses Mendelssohn*[1] (1729 bis 1786) wurde am 3. Februar 1809 als zweites Kind des Bankiers *Abraham Mendelssohn* und seiner Ehefrau *Lea, geb. Salomon*, in Hamburg geboren. Seine Eltern gaben ihm den Namen Felix – der Glückliche. Sollte dieser Name für den im Leben stets Umhegten Omen sein? Tagessorgen um Nahrung, Obhut und Wohlergehen, wie sie für Mozart, Beethoven, Schubert und viele andere Lebensbegleiter waren, bedrückten den künftigen Musiker nie. Er eilte rastlos von Erfolg zu Erfolg. *Adele Schopenhauer* schrieb am 21. November 1821 über den Knaben in ihr Tagebuch:

„Glücklicher Mensch! Dich erwartet wohl nur ein kurzes Ephemeren-Leben, aber Liebe, Glück und Kunst haben es aus Licht und Wärme Dir gewoben! Zieh hin und sinke, wenn es sein muß, wie alles Schöne im Frühlinge dahin!"

Fanny Hensel, geb. Mendelssohn

Die Familie Mendelssohn floh 1811 nach Berlin, als die Unterdrückung durch den Marschall Davoust in Hamburg zur Brandschatzung geworden war. Nach dem sogenannten „Judensturm" (1819) faßten die Eltern den Entschluß, ihre vier Kinder protestantisch taufen und erziehen zu lassen. Der Bruder Leas spielte eine maßgebliche Rolle, daß die Familie dem eigenen Familiennamen den Namen Bartholdy hinzufügte. Felix Mendelssohn war – wie seine Geschwister – dem Glauben nach ein Christ, der Nationalität nach ein Deutscher; seiner jüdischen Abstammung war er sich stolz bewußt; ja, in vielen Fällen identifizierte er sich mit den Kämpfen und Schicksalen des europäischen Judentums. So blieb es nicht aus, daß in seine Kompositionen, insbesondere seine Kirchenkompositionen, latent Zwiespältigkeiten einflossen, auf die ihn seine innigste Vertraute und strenge Kritikerin, seine Schwester *Fanny* (1805 bis 1847), dann und wann hinwies.

Zunächst erhält Felix Mendelssohn 1815 Klavierunterricht von seiner Mutter Lea. Dann werden *Ludwig Berger* im Klavierspiel, *Carl Wilhelm Henning* und später *Eduard Rietz* im Violinspiel sowie *Carl Friedrich Zelter* in Kompositionslehre seine Lehrer. Zeitweilig nimmt er auch in Berlin bei *Johann Nepomuk Hummel* und in Paris bei *Marie Bigot de Morogues* Klavierstunden.

Jeden Sonntag finden in Mendelssohns Elternhaus Konzerte statt. Hier öffnet sich für ihn die Möglichkeit, seine anfänglichen Kompositionen aufzuführen. 1820 tritt er – wie auch seine Schwester Fanny – der Berliner Singakademie bei, deren Leiter *Carl Friedrich Zelter* (1758 bis 1832) ist. Dieser nimmt den Zwölfjährigen 1821 mit nach Weimar zu *Johann Wolfgang von Goethe* (1749 bis 1832); zwischen dem betagten Dichterfürsten und dem jungen aufstrebenden Komponisten entwickelt sich eine gegenseitige Zuneigung, die bis zu Goethes Tod unvermindert andauern sollte.

Die ersten öffentlichen Aufführungen Mendelssohnscher Werke finden 1822 in Berlin statt, seine erste Sinfonie (op. 11) schreibt er 1824, *Carl Loewe* (1796 bis 1869) dirigiert 1827 in Stettin die erste öffentliche Aufführung der „Sommernachtstraum-Ouvertüre" (op. 21), und im gleichen Jahr wird im königlichen Schauspielhaus zu Berlin seine einzige Oper „Die Hochzeit des Camacho" (op. 10) uraufgeführt.

Am 11. März 1829 leitet Felix Mendelssohn im Schinkelbau der Berliner Singakademie im Beisein des Königs die denkwürdige Wiederaufführung der Matthäus-Passion von *Johann Sebastian Bach* (1685 bis 1750), 100 Jahre nach deren Uraufführung[2] – Ausgangspunkt und Beginn einer beispiellosen Renaissance des Bachschen Werkes im 19. Jahrhundert. Im Chor singen 400 Sängerinnen und Sänger, das Riesenorchester wird vom Philharmonischen Verein gebildet, ergänzt von Bläsern und Streichern der königlichen Kapelle. Und vor dieser Arena steht der zwanzig Jahre alte Dirigent und führt souverän!

Im darauffolgenden Monat reist er nach England, von wo sich – nach Aufführungen seiner ersten Sinfonie und der Sommernachtstraum-Ouvertüre – sein Ruf als Komponist rasch ausbreitet. Mit seinem Freund *Carl Klingemann* (1798 bis 1862), der übrigens das Libretto zu Mendelssohns Oper geschrieben hat, durchwandert er Schottland. In der von Gras und Efeu umwachsenen Ruine der Kapelle, in der am Altar Maria Stuart zur Königin von Schottland gekrönt worden war, findet er den Anfang zu seiner „Schottischen Sinfonie".[3]

Nach Ablehnung einer ihm zugedachten Professur in Berlin beginnt Felix Mendelssohn seine dreijährige musikalische Pilger- und Erkundungsfahrt, die ihn durch halb Europa (Österreich, Italien[3], Schweiz,

Frankreich und England) führt und auf der er vielen Komponisten von Rang und Namen begegnet (u.a. *Berlioz*, *Chopin*, *Liszt*, *Rossini*, *Auber* und *Meyerbeer*). In England erreicht ihn die Nachricht vom Tod seines Mentors Zelter (15. Mai 1832), der seinem Freund Goethe buchstäblich nachgestorben ist. Er schreibt seinem Vater:

> *„An dem Tage, an welchem ich die Nachricht vom Tode Zelters empfing, glaubte ich, ich würde sehr krank davon werden – habe mich auch die ganze vorige Woche nicht erholen können."*

Niedergeschlagen trifft er im Juli 1832 wieder in Berlin ein und übernimmt – nach mißlungener, mit tiefer Kränkung verbundener Bewerbung um die Nachfolge Zelters als Leiter der Singakademie – die Leitung der Niederrheinischen Musikfeste in Düsseldorf, ein höchst ehrenvoller Auftrag, den er mit Freuden annimmt und den er über mehrere Jahre hinweg mit Engagement ausführt.

1835 beginnt Felix Mendelssohns glanzvolle Leipziger Zeit, als er Kapellmeister der Gewandhauskonzerte wird. Diese Konzerte erfahren unter seiner Leitung einen solchen Aufschwung, daß Leipzig als „Vorposten der deutschen Musik" im 19. Jahrhundert angesehen wird. Es ist die Zeit, als Dirigenten – wie auch *Weber* und *Spohr* – beginnen, das Orchester nicht mehr vom Instrument aus zu leiten, sondern vom Dirigentenpult aus – mit dem Taktstock! Mendelssohns außergewöhnliche und seltene Dirigierbegabung ist unumstritten. Er benutzt seine Stellung, um Werke zahlreicher zeitgenössischer Komponisten bekannt zu machen. Unvergessen bleibt für alle Zeiten die Uraufführung der von *Robert Schumann* (1810 bis 1856) aufgefundenen 9. Sinfonie in C-Dur von *Franz Schubert* (1797 bis 1828) in Leipzig mit dem Gewandhausorchester unter seiner Leitung.

1843 wird unter seiner maßgeblichen Mitwirkung das Leipziger Konservatorium gegründet, das erste seiner Art in Deutschland und an dem berühmte Musiker (u.a. *Schumann*, *Hauptmann* [4], *David* [5], *Reger*, *Grabner*) gelehrt haben. Über dem Portal läßt er den Spruch des Stoikers Seneca anbringen: „Res severa verum gaudium" (Freude zu machen ist ein ernstes Anliegen); es war Mendelssohns Anliegen in seinem gesamten musikalischen Wirken.

König Friedrich Wilhelm IV. von Preußen versucht mehrmals, den verlorenen Sohn nach Berlin zurückzuholen, vermag aber nur zu erreichen, daß Mendelssohn zwischen 1841 und 1845 mehrfach dort tätig wird, sonst aber in Leipzig bleibt.

Sein Oratorium „Paulus“ (op. 36) wird 1836 anläßlich des 17. Niederrheinischen Musikfestes in Düsseldorf, sein Oratorium „Elias“ (op. 70) 1846 zum 22. Musikfest in Birmingham (England) uraufgeführt.

In den Jahren 1834 bis 1847 komponiert er seine in aller Welt bekannt gewordenen a-cappella-Chöre für Männerchor (op. 50, 75, 76, 120, 3 weitere a-cappella-Chöre für Männerchor bleiben ohne Opus; 21 Lieder) und gemischte Chöre (op. 41, 48, 59, 88, 100; 28 Lieder), die er teilweise „Lieder, im Freien zu singen“ nennt.

Das rastlose Streben Felix Mendelssohns fordert seinen Tribut: Am 28. Oktober 1847 erleidet er einen Schlaganfall, der sich sechs Tage später wiederholt. Am 4. November 1847, gegen neun Uhr abends, stirbt er – nur wenige Monate nach seiner geliebten Schwester Fanny – in Leipzig. Er hinterläßt seine Frau *Cécile, geb. Jeanrenaud*, und fünf unmündige Kinder. Tausende gehen mit entblößtem Haupt am offenen Sarg vorbei. Dann wird der Sarg geschlossen, und ein Extrazug bringt die Trauernden nach Berlin zur Beisetzung des Leichnams auf dem Dreifaltigkeitsfriedhof. In Dessau steht nachts der Zug plötzlich still: Der Oratorienkomponist *Friedrich Schneider* (1786 bis 1853) kommt mit seinen Chören und feiert den verstorbenen Genius.

– Dessau? Aus dieser Stadt war der Großvater Moses Mendelssohn zerlumpt und barfuß aufgebrochen, um in Berlin ein großer Mann zu werden! –

Der dem Münchner Dichterkreis angehörende *Emanuel Geibel* (1815 bis 1884) findet in seinem zwölf Strophen umfassenden Gedicht „Auf Felix Mendelssohn-Bartholdys Tod“ die bewegenden Worte:

„Ich klage nicht um dich, du hast gelebt;
An Jahren jung, an Werken wie ein Greis,
Als Knabe Meister, hast das Lorbeerreis
In ungebleichte Locken du verwebt.
Kurz war dein Pfad, doch trug er Blum' an Blume,
Und wie Achill sankst du in deinem Ruhme.“

Felix Mendelssohn war ein universaler Komponist, der sich einseitigen Zuordnungen entzieht. Wenn einzelne ihn zu den Klassizisten zählen und andere zu den Romantikern, muß man beiden zustimmen. Der Musikforscher *Alfred Einstein* (1880 bis 1952) würdigte in seinem Buch „Die Romantik in der Musik“ Mendelssohn als „romantischen Klassizisten“. Er integrierte alle Stilarten sowohl der Vergangenheit als auch der Gegenwart. Seine Werke aufzulisten füllt Seiten. Er beherrschte das Terrain der Instrumentalmusik (Orchesterwerke, Kammermusik, Klaviermusik, Orgelwerke) ebenso wie das der Vokalmusik (Oratorien, mehrstimmige geistliche und weltliche Vokalwerke mit orchestraler und solistischer Begleitung, Vokalwerke a cappella). Der Schaffung musikdramatischer Werke hat er sich relativ wenig gewidmet. Die mit Opuszahlen 1 bis 72 versehenen Kompositionen sind alle von Mendelssohn selbst für den Druck vorbereitet worden, die opera 73 bis 121 erschienen postum.

Zu seinen Lebzeiten war seine Musik hinsichtlich Anerkennung kaum Schwankungen unterworfen. Er war einer der gefeiertsten Komponisten seiner Zeit, geehrt und umschmeichelt. Doch nach seinem Tode war das Schicksal seiner Musik Wechselbädern unterworfen. In der sogenannten Bewertungskurve nach *Werner* lassen sich fünf Phasen in seiner Einschätzung, alle in Verbindung mit Stil- und Geschmacksänderungen, erkennen. Sie fallen zusammen

- mit dem Aufstieg Wagners und dessen Schule,
- mit dem Beginn des Impressionismus,
- mit dem Neo-Klassizismus vor und nach dem Ersten Weltkrieg,
- mit dem Expressionismus und schließlich
- mit der nationalsozialistischen Verdammung aller „nicht-arischen“ Musik.

In funktionalem Zusammenhang, wenn auch zeitlich um mehr als achtzig Jahre gegeneinander verschoben, stehen die erste und letzte Phase. 1850, drei Jahre nach Mendelssohns Tod, geschah das Unfaßbare: In der von Robert Schumann gegründeten und von Franz Brendel weitergeführten „Neuen Zeitschrift für Musik“ erschien in den Nummern 19 und 20 ein zweiteiliger Aufsatz „Das Judentum in der Musik“, gipfelnd im Vorwurf, daß die Juden die deutsche Musik ruinierten, verfaßt von einem gewissen K. Freigedank. Fast neunzehn Jahre später nimmt der Verfasser die Maske vom Gesicht und bekennt sich in einer Wiederauflage des Aufsatzes in der Verlagsbuchhandlung von J.J. Weber in Leipzig zu seinem Pamphlet: Es ist – *Richard Wagner* (1813 bis 1883). Er polemisiert gegen die Musiker Felix Mendelssohn und *Giacomo Meyerbeer* (1791 bis 1864), läßt aber auch deutsche Dichter wie Heinrich Heine und Ludwig Börne nicht ungeschoren. Wie konnte so etwas geschehen, wo doch Wagner von jüdischen Freunden und Mitarbeitern (z.B. sein Herzensfreund Samuel Lehrs aus Wagners Pariser Zeit, die Pianisten Carl Tausig und Joseph Rubinstein, der Werbeschriftsteller Heinrich Porges, der Parsifal-Dirigent Hermann Levi, der Sänger Julius Lieban, die Sängerin Judith Gautier und viele andere) umgeben war? Man glaubt heute, die Ursachen des Wagnerschen Kurzschlusses zu kennen, zumindest was die angegriffenen Musiker betrifft:

- Veranlassung war ganz offensichtlich der Pressewirbel um Meyerbeer und die Aufführung von dessen Oper „Der Prophet“. Dieses „Geschreibe", wie er es Liszt gegenüber nannte, mußte Wagner um so mehr verärgern, als in manchen Musikzeitungen sein eigener Name und seine bis dahin aufgeführten Werke („Rienzi", „Fliegender Holländer", „Tannhäuser") kaum noch genannt wurden.

- Womit aber hatte Mendelssohn Wagner herausgefordert? Da war zum einen die verständnislose Wiedergabe der Tannhäuser-Ouvertüre im Konzert vom 14. Februar 1846 in Leipzig: Mendelssohn dirigierte völlig unbeteiligt. Zum anderen war Wagner zutiefst verstimmt: Wagner sandte die Partitur seiner C-Dur-Sinfonie nach Leipzig, die Mendelssohn nie aufführte, und die Partitur gab er nicht zurück.
- Das auslösende Moment war jedoch ein Beitrag des Wagnerfreundes Theodor Uhlig in der „Neuen Zeitschrift für Musik" vom 23. Juli 1850, in dem schon vom „Gemauschele" der jüdischen Sprechweise und der davon angeblich beeinflußten „Judenmusik" die Rede war.

In diesem „Corpus delicti", wie Wagner selbst einmal sein Pamphlet nannte, stand alles Brauchbare für eine spätere Zeit, die Zeit des Nationalsozialismus. *Thomas Mann* (1875 bis 1955) hat in „Altes und Neues" mit Trauer und Zorn davon gesprochen, wie oft sich „Bruder Hitler" leider auf den Schriftsteller Wagner berufen durfte.

Am Vorabend von Mendelssohns Todestag im Jahre 1936 entfernten die Stadtverordneten von Leipzig sein von den Bürgern der Stadt 1892 errichtetes Denkmal vor dem Gewandhaus, das er und ihn weltberühmt gemacht hatte, und ließen es verschrotten. Seine Musik wurde totgeschwiegen, *doch nicht vergessen*. Den Lesern der Zeitschrift DER CHOR sei der Artikel „Kollege Distler" aus der Nr. 3/92, S. 58, ans Herz gelegt, in welchem der Distlerschüler *Hans Christian Deutscher* in rührender Weise beschreibt, wie *Hugo Distler* (1908 bis 1942) in der Kirche einen Parteifunktionär übertölpelte und ihm verbotene Weisen Mendelssohns auf der Orgel vorspielte.

Entließen nicht Gymnasien in jener dunklen Zeit ihre Abiturienten ins Leben mit Mendelssohns im Sommer 1847 komponierten „Comitat" (aus op. 76):

Nun zu guter Letzt
Geben wir dir jetzt
Auf die Wan'drung das Geleite.
Wandre mutig fort,
Und an jedem Ort
Sei dir Glück und Heil zur Seite ...,

bis auch dies nicht mehr möglich war, weil die Gymnasiasten – noch nicht für das Leben vorbereitet – in den Krieg ziehen mußten, um auf den Schlachtfeldern Europas ihren Blutzoll zu entrichten!

Zwei Jahre nach dem Untergang des „Tausendjährigen Reiches" wurde die Hundertjahrfeier von Mendelssohns Tod festlich und feierlich in aller Welt begangen, ein neues Denkmal wurde vor dem Gewandhaus zu Leipzig aufgestellt.

Die Musik des großen Musikers wurde, befreit von überholten Einschätzungen vergangener Epochen, neu bewertet. Es entwickelte sich im Laufe der Jahre eine Art Beliebtheitsskala aufgeführter Mendelssohnscher Werke, angeführt von dem Violinkonzert (op. 64), den Ouvertüren „Sommernachtstraum" (op. 21), „Hebriden" (op. 26) und „Schöne Melusine" (op. 32), sowie der „Schottischen" (op. 56) und der „Italienischen Sinfonie" (op. 90). Es läßt sich eine Diskrepanz zwischen der wachsenden Zahl der Mendelssohn-Aufführungen und der fortwährend kleiner werdenden Auswahl der aufgeführten Werke beobachten. *Werner* bringt die wachsende Aufmerksamkeit für Mendelssohn auf folgenden Nenner:

> *„Seitdem das handwerkliche Können des Komponisten auf der Suche nach neuen Wirkungen an einem Stagnationspunkt angelangt ist, wird die Eleganz der Technik und Formgebung, die für Mendelssohn so charakteristisch ist, wieder bewundert, nicht ganz neidlos. Er zählt nunmehr zu der erlesenen Schar jener Komponisten (Mozart und Ravel gehören dazu), die genau wußten, wieviel Noten zu schreiben und wie sie anzuordnen."*

Gilt diese Maxime Mendelssohns auch für seine weltlichen Chorlieder, die wir in unseren Chören singen? Ja!

Die Trauer um Mendelssohn anläßlich seines Todes war wahrscheinlich am tiefsten bei den vielen Namenlosen, den Sängerinnen und Sängern. Sie verloren den Schöpfer ihrer Chorwunder, wie „O Thäler weit, o Höhen" (aus op. 59), „Wem Gott will rechte Gunst erweisen" (aus op. 75), „Wer hat dich, du

Faksimile; Autograph zu „O Thäler weit, o Höhen …"

schöner Wald“ (aus op.50) und ... und ... und ... Letzteres Chorlied hatten sie noch 1840 zu Tausenden auf dem Niederrheinischen Musikfest angestimmt.

Worin lag dieses Wunder begründet? Mendelssohns Chorlieder waren Abkömmlinge des Berliner Stils: Sie wären wohl kaum möglich geworden ohne die Schule von Zelters Singakademie in Berlin und basierten auf der Komposition von Strophenliedern. Die zumeist strophige Form der vertonten Gedichte von Eichendorff (10), Goethe (7), Heine (5), Uhland (5), Lenau (2), Hoffmann von Fallersleben und anderen, anonymen Dichtern erweiterte Mendelssohn in der Regel musikalisch zu einer Coda-Form: Die abschließende Strophe erhält eine veränderte, oft durch Textwiederholungen erweiterte Gestalt.

Nun ist es kein Zufall, daß die Mehrheit der Lieder und Gesänge nicht während der arbeitsreichen Leipziger Konzertwinter und Musikfeste entstand, sondern in jenen Sommermonaten, in denen sich der Komponist mit der Familie in Frankfurt oder auf dem Weingut seines Onkels in Hochheim aufhielt. In Mendelssohns letztem Lebensjahrzehnt löste sich die hektische Betriebsamkeit immer öfter mit der Tendenz des Rückzugs in die Idylle ab. An seinen Freund Klingemann schrieb er:

„... die natürlichste Musik von allen ist es doch, wenn vier Leute zusammen spazierengehen, in den Wald, oder auf dem Kahn fahren, und dann gleich die Musik mit sich und in sich tragen ...“

Und so entstanden nicht etwa Chorlieder für den Konzertsaal, sondern volkstümliche Lieder, die sich vom Komponisten ablösten, sich verselbständigten, zu Volksliedern wurden und sich in die Welt ausbreiteten. „The dark green tune of Mendelssohn“ hat man in Amerika im Kreise *Stephen Fosters* (1826 bis 1864) seine Eichendorff-Chöre genannt.

Wir tun Unrecht, wenn wir den Chorliedern von *Friedrich Silcher* (1789 bis 1860) oder denen von *Hans Georg Nägeli* (1773 bis 1836) – und auch denen von Mendelssohn – Sentimentalität vorwerfen. Doch sollten wir uns entscheiden, ob wir ihre Lieder singen. Was nützt es, wenn in der Chorszene immer wieder die Rede davon ist, es fehle an zeitgemäßer Chorliteratur, ohne die Kriterien für den Begriff „zeitgemäß“ darzulegen. Chormusiker von Rang und Namen sind gefordert, solche Kriterien auf den Tisch zu legen, um Verunsicherungen von uns zu nehmen. Vielleicht entwickelt sich dann ein neues Verständnis für die Chorlieder des 19. Jahrhunderts, wenn wir wissen, wo und wann wir sie singen sollten, getreu dem Anliegen Mendelssohns:

Res severa verum gaudium!

Anmerkungen:

1 Gotthold Ephraim Lessing (1729 bis 1781) setzte in seinem Drama „Nathan der Weise“ (1779) dem Freund ein idealisierendes Denkmal.

2 Nach den meisten Quellen hat die Uraufführung der Matthäus-Passion im Vespergottesdienst am Karfreitag, dem 15. April 1729, in der Thomaskirche in Leipzig stattgefunden.

3 Entstand im Angesicht des düsteren Nordens die „Schottische Sinfonie“ (op. 56), so regte der sonnige, farbenfrohe Süden zur „Italienische Sinfonie“ (op. 90) an.

4 7. Thomaskantor nach Johann Sebastian Bach

5 Ferdinand David spielte 1845 bei der Uraufführung von Mendelssohn Violinkonzert e-moll (op. 64) den Solopart.

Literatur:

- *Baumgartner, A.: Der große Musikführer – Musik der Romantik. Kiesel, Salzburg 1983.*
- *Borchmeyer, D.: Richard Wagner und der Antisemitismus. In: „Wagner-Handbuch“. S. 137/161. Alfred Kröner, Stuttgart 1986.*
- *Dahlhaus, C.: Das Problem Mendelssohn. Gustav Bosse, Regensburg 1974.*
- *Eger, M.: Wagner und die Juden. Fakten und Hintergründe. Druckhaus Bayreuth 1985.*
- *Jacob, H.E.: Felix Mendelssohn und seine Zeit. Büchergilde Gutenberg/S. Fischer, Frankfurt 1959.*
- *Konold, W.: Felix Mendelssohn-Bartholdy und seine Zeit. Laaber, Regensburg 1984.*
- *Reich, W.: Felix Mendelssohn im Spiegel eigener Aussagen und zeitgenössischer Dokumente. Manesse Bibliothek der Weltliteratur, Zürich 1970.*
- *Werner, E.: Mendelssohn, Jakob Ludwig Felix. Die Musik in Geschichte und Gegenwart. Bd. 9, Sp. 59/98. dtv/Bärenreiter, München/Kassel 1989.*
- *Werner, E.: Mendelssohn. Leben und Werk in neuer Sicht. Atlantis, Zürich 1980.*